# UN GRITO DESDE EL SILENCIO

## El oscuro abismo del bullying

**Rose Marie Tapia R.**

I.S.B.N.9789962656203

Portada: Kevin Reimer K.



39,000 ejemplares publicados.

«¡Paz, paz, paz! Paz luminosa.
Una vida de armonía
sobre una tierra dichosa.»
«Paz sin fin, paz verdadera.
Paz que al alba se levante
y a la noche no se muera.»

Rafael Alberti

# DEDICATORIA

## A José García

Dos minutos de un joven y su actitud compasiva justifican con mayor fuerza mi fe en la humanidad. Enfrentar un percance de noche, bajo la lluvia, con el teléfono descargado, en un área donde suelen suceder atracos, provoca temor, desasosiego. José García llegó y, sin conocerme, me ofreció su teléfono desde el que pude pedir ayuda.

Con este texto rindo homenaje a los héroes anónimos que, igual que José, suspenden sus propias actividades para tender la mano a otros. Con mi literatura he procurado ayudar a los jóvenes de distinta manera; José García retribuyó ese interés con su gesto, y me dice que estamos a tiempo de hacer que en nuestra sociedad lleguen a brillar con esplendor la justicia, la solidaridad y la generosidad por sobre cualquier otro factor nocivo o poco edificante.

# CAPÍTULO 1

—¡¿*Dónde* está Jorge?!

Ninguno de los estudiantes respondió a la pregunta de Julia, la profesora de Español. Solo Naty levantó la vista, mientras la profesora reiteraba la interrogación. Ella sospechaba que Jorge había sido víctima, una vez más, de esos odiosos que lo acosaban constantemente.

A pesar de sentirse intimidada por los agresores, no deseaba mantener el silencio cómplice de sus compañeros de clase. En varias ocasiones, se enfrentó a esos perversos, y aunque solo logró que también a ella la acosaran con innumerables burlas, no podía permanecer pasiva ante la actitud delincuencial de la que era víctima su amigo.

Muchas veces Jorge le pidió que no los provocara, pues ninguno de los dos era lo suficientemente fuerte como para enfrentarlos. No obstante, por convicción, a ella le costaba mantenerse al margen.

Ante la ausencia de respuesta de sus alumnos, la profesora se alarmó. Era evidente que imperaba un código de silencio entre los jóvenes. Ella sospechaba que Jorge era víctima de acoso por algunos de sus compañeros; no tenía una sola evidencia, pero su instinto la ponía en guardia.

Los problemas en Jorge se hicieron evidentes cuando comenzó a retraerse, a sufrir en silencio por las agresiones sistemáticas que recibía por parte de sus compañeros de colegio, quienes se burlaban de él por ser de baja estatura y obeso, por usar anteojos y frenillos. Sin amigos, excluido de todos los grupos, sentía como si navegara en una balsa a la deriva por un océano tempestuoso, rodeado de tiburones. Por otra parte, a causa de su excepcional inteligencia, Jorge se pasó casi toda la niñez sintiéndose excluido, alguien que merodeaba por un país desconocido. O siendo un alienígena atrapado en un mundo solitario, como solía imaginarse a sí mismo.

La profesora Julia caminó despacio hacia donde estaba Adalberto, el más indisciplinado de sus estudiantes y, mirándolo con severidad, le preguntó por Jorge.

—¿Cómo voy a saber dónde está ese idiota?

—Cuando respondas a una pregunta que te haga, lo haces con respeto. ¿Te quedó claro?

Adalberto no respondió, pero una cínica sonrisa se dibujó en su rostro, expresiva. Lo mismo hicieron dos de sus compañeros, con quienes acostumbraba a aliarse para cometer más de una fechoría. Naty los miró furiosa y ya no pudo más, se levantó de la silla para declarar.

—Profesora, yo vi cuando Adalberto, Miguel y Julio empujaron a Jorge frente a la puerta del baño.

—¡Soplona! ¡Mentirosa! Ya arreglaremos eso —gritó Adalberto.

Julia Jiménez es de las maestras alegres y afables, que pocas veces levanta la voz, pero en esta ocasión su enojo la llevó a reprender a Adalberto con palabras duras y enérgicas. El joven se disponía a responderle, también airadamente, pero el rostro enrojecido de su profesora lo convenció de volver a sentarse en su puesto, con la cabeza baja, dejando salir apenas unos gruñidos ininteligibles.

La docente miró de igual modo a los amigos de Adalberto, que pusieron los ojos en la punta de los zapatos, para esconder la sonrisa que lucían segundos antes. Luego, tratando de llevar su voz a la normalidad de nuevo, se dirigió a Naty.

—Anda, busca al señor Carlos, el inspector. Dile que revise el baño a ver si encuentra a Jorge. Pero corre y me avisas, apenas sepas algo. Y ustedes —dirigiéndose a Adalberto— recen porque a Jorge no le haya pasado nada…

Naty no titubeó. Corrió a toda prisa hacia donde sabía que podía encontrar al inspector Carlos, un hombre al que todos respetaban en la escuela, no solo por su estatura, su complexión atlética o las canas que ya blanqueaban su cabeza, sino porque era estricto en la labor que desempeñaba, y no permitía que los estudiantes, ni nadie, rompiesen las normas de disciplina del plantel.

Minutos después, la jovencita regresó, pálida, con las manos temblorosas y aunque intentaba hablar, no lo consiguió. La profesora le preguntó por Jorge, por el inspector, pero ella no atinaba a responder, parecía aterrada. En ese momento sonó el timbre que indicaba la terminación de la hora y los alumnos comenzaron a salir, uno a uno, tratando de no hacer ruido, mientras la profesora sostenía a Naty por los hombros, tratando de caminar con ella hacia el pasillo y dándole ánimos y consultándola sobre el motivo de su espanto.

—Calma, calma, hija. Cuéntame, ¿qué pasó? ¿Y Jorge?

—El señor Carlos lo llevó a la enfermería —respondió ella al fin, sollozando.

—Pero, ¿y eso? ¿Qué le pasó?

—No sé. Lo sacó del baño desmayado.

—¡Ay no! Esto no me gusta para nada. ¡Voy a ver qué es lo que sucede!

Y de inmediato la profesora se dirigió con grandes pasos hacia la enfermería. Al llegar vio a Jorge sentado en la camilla, mientras la enfermera le limpiaba el rostro. Enseguida notó la causa de su estado: en la parte superior de la cabeza se le veía un área rapada, mientras que en la frente y las mejillas eran evidentes los golpes recibidos. La profesora no pudo contener una expresión de espanto, al comprender que el chico intentó defenderse de quienes intentaban cortarle el cabello a la fuerza, y estos, para someterlo, le produjeron todos esos golpes. No pudo contener un mar de lágrimas que afloró a sus ojos, mezcla de dolor y rabia.

El señor Carlos, parado a corta distancia, sostenía la camisa de Jorge, sucia y desgarrada, y los lentes que el muchacho debía llevar puestos siempre, por una grave miopía. O lo que quedaba de ellos.

—Soy tu profesora de Español, Julia —le dijo ella acercándose a la camilla y extendiendo la mano para tocarle el hombro.

El chico levantó la cabeza y la miró, con los ojos entrecerrados, ya no por la miopía, sino por los golpes recibidos. Asintió con la cabeza y aspiró fuerte por la nariz, tres veces seguidas, como si sollozara, o como si no alcanzara a tomar aire a causa de la inflamación.

—¿Quién te hizo esto? ¿Quién? —y pasó los dedos suavemente por el rostro de su estudiante, quien movió la cabeza de un lado a otro antes de dejarla caer sobre su pecho.

El inspector tomó por un brazo a la profesora y la condujo con gentileza a la oficina contigua.

—Profesora, esto es grave. No solo lo raparon y lo golpearon, también lo orinaron.

Julia se llevó las manos a la boca, intentando ahogar un sollozo.

—¡Cómo es posible eso! ¡Sus propios compañeros!

—Vamos a llevarlo a un médico para que lo examine. Él está en estado de shock y debemos determinar qué tan graves son las heridas, y hasta dónde llegó el abuso.

—¿Usted cree qué…? —preguntó la profesora, bajando el tono de su voz.

—Lo que ocurrió nos lo dirá el médico

—¡Dios mío! ¡Qué clase de delincuentes tenemos aquí! ¡Hacerle esto a Jorge, que es tan buen estudiante!

—Precisamente por eso, profesora. Usted sabe que eso mortifica a varios delincuentes en potencia que tenemos aquí, y a sus cómplices.

—¿El director ya está enterado? ¿Y los padres de Jorge?

—Sí, lo llamé enseguida, miré, ahí está.

Acto seguido, ambos volvieron a la enfermería, donde acababa de llegar el profesor Ulises Solís, director del colegio, persona distinguida en el gremio docente por su intachable hoja de vida en el sector particular. Hacía menos de un año que laboraba en este colegio público, al que llegó como parte de un proyecto para mejorar la educación pública del país. Su meta era la de lograr que los estudiantes de las escuelas públicas tuvieran las mismas oportunidades que los de los colegios privados, y en ese camino estaba marchando, pese a todos los contratiempos.

Apenas vio a Julia, embargada por la preocupación, se acercó a ella.

—Tranquila, profesora. Es un asunto de bastante gravedad, pero debemos constituirnos en fortaleza para este estudiante. Ya don Carlos me puso al tanto de la naturaleza de la agresión sufrida por Jorge, y vamos a conducirlo a una clínica para que lo atienda un especialista. Acabo de hablar con los padres.

Luego se dirigió dónde estaba Jorge y le expresó similares palabras de aliento, a pesar de que el chico seguía con la cabeza caída sobre el pecho, sin emitir palabra alguna.

—Jorge, vamos a esperar al médico para que nos asegure que estás bien. ¿Podrías decirme qué sucedió?

El herido incorporó el rostro y miró al director, quien no pudo evitar un estremecimiento al comprobar el tipo de lesiones que mostraba.

—Tranquilo, hijo. Te prometo que tomaremos las medidas necesarias para que nunca más vuelvas a pasar por algo semejante. Ni tú ni nadie en este plantel. Ahora, cuéntame, ¿qué pasó?

—No puedo, ellos volverán a golpearme y…

—No será así. Me encargaré en sancionarlos de inmediato. Necesito nombres.

—No los vi. Quiero irme a casa.

—No puedes, vamos a esperar al médico.

—No quiero.

—Tus padres lo autorizaron, ellos vienen para acá con él.

Jorge no resistió más y empezó a llorar, solo tenía trece años y en ese estado de indefensión parecía un niño de seis. La enfermera le trajo un vaso con agua, mientras el director le explicaba que era imperativo seguir las indicaciones que le daban.

Ninguno de ellos podía imaginarse los pensamientos tormentosos que pasaban por la cabeza de Jorge. La agresión sufrida, esta vez con particular maldad, no eran lo único malo que ocurría en su vida. También sufría maltrato por parte de Vicente, su padre, un hombre violento y agresivo, y por la falta de carácter de su madre, Norma, que aunque le mostraba mayor cariño, en nada ayudaba a resolver el problema; al contrario, eso era lo que más lo angustiaba, pues no tenía claro si ella se mantenía al margen porque en verdad le concedía más valor al tiempo que invertía en charlar con sus amigas por teléfono o en leer largas horas en su cuarto, o lo hacía por miedo a enfrentar al esposo y dar lugar a que enfocara su malhumor en ellos en cualquier momento. Y mucho menos podía creer el director que cuando la madre insistió en que a Jorge debía verlo el médico de la familia, y no el que la escuela tenía designado para estos casos, en realidad no era porque deseaba la mejor atención para el niño, sino porque temía que se descubriera que él era víctima de violencia doméstica. Por lo menos el que ella recomendaba ya estaba acostumbrado a escuchar que todos esos hematomas que presentaba el chico eran producto de su torpeza, y de andarse cayendo constantemente.

Norma intentó varias veces localizar a su esposo, pero no lo logró y no tuvo otro remedio que asistir sola al llamado del director luego de pedirle al médico familiar que fuera hasta el colegio de manera urgente. El tráfico congestionado no le permitía avanzar a la velocidad deseada. La llovizna que caía sobre la ciudad empeoraba la situación y, mientras escuchaba el repetitivo movimiento del limpiaparabrisas, sintió que le invadía un repentino cansancio. Casi una hora después llegó al colegio, donde ya el médico de la familia esperaba.

Después del examen, el galeno descartó cualquier tipo de abuso sexual, aparte de las heridas sufridas por el ataque; sin embargo, agregó que más que las lesiones, que limpió y suturó con cuidado, debían poner atención en las secuelas emocionales del hecho.

Jorge no reveló los nombres de los implicados, razón por la cual el director no pudo abrir de inmediato los procesos disciplinarios correspondientes. Una vez el estudiante se retiró con su madre, Ulises Solís le solicitó a la profesora Julia que se reuniera con él en su oficina.

—Profesora, ¿tiene alguna sospecha de quienes puedan ser los agresores? Porque esta agresión no la cometió un solo estudiante, se engavillaron para agredir a Jorge y esto no lo permitiré en mi colegio.

—No tengo sospecha, sino certeza. Sin embargo, no poseo pruebas.

—La comprendo, profesora; no obstante, dígame sobre quiénes recae su certeza.

—Adalberto, Miguel y Julio.

—No me extrañaría, conociendo el prontuario de ellos; los he visto pasar más de una vez por aquí solo en este año; pero ¿qué la llevó a esa conclusión?

—En clase se burlan constantemente de él. Le hacen bromas pesadas y los demás, se las celebran. Y por encima de eso, Naty los vio cuando lo empujaban hacia el baño.

—Eso significa, entonces, que tenemos una testigo.

—No sé si podemos considerarla como testigo. Naty es la única que se opone cuando sus compañeros abusan de Jorge, pero ella es inestable desde el punto de vista emocional. Hace un año que lucha contra la anorexia. Si el padre de Adalberto se entera de esta acusación contrataría abogados que terminarían desmintiéndola y hasta demandarían luego al colegio por los daños morales sufridos por su «angelito».

—No lo dudo, pero no podemos quedarnos de brazos cruzados.

—Profesor, a propósito, no entiendo por qué razón el padre de Adalberto, que es millonario según tengo entendido, tiene a su hijo en una escuela pública. Sé que este es un colegio excelente, pero personas como él siempre buscan colegios privados.

—Pensé que lo sabía. He visto el expediente de ese muchacho, y le aseguro que tiene más páginas que el de un delincuente reincidente. Lo han expulsado de tres colegios particulares, en uno de ellos laboraba yo, así como de dos planteles públicos; en ningún lado lo aceptarían, se sale de aquí sancionado. Su padre lo sabe y hará cualquier cosa por evitarlo. Por eso debemos pensar bien cómo hacemos las cosas.

—Esta acción de hoy no debe quedar sin una sanción ejemplar para todos.

—Y así lo haremos, pero ahora no abriré un proceso de expulsión sin contar antes con las pruebas necesarias. En primera instancia, citaré a sus padres al colegio y exigiré que Adalberto reciba atención psicológica. Y le aseguro que sus padres no escogerán al psicólogo. Lo hará el ministerio de Educación. A él deben verlo profesionales especializados en *bullying*.

La palabra *bullying* se utiliza para describir algunos comportamientos indeseables practicados por niños y adolescentes, que van desde bromas pesadas, ignorar, repudiar o humillar a alguien, ataques personales e, incluso, agresiones graves. A veces es un estudiante quien acosa, pero puede ser también un grupo o una pandilla. Lo más importante no es la acción en sí misma, sino los efectos psicológicos que produce en sus víctimas. Implica a veces el golpear o dar patadas a otros compañeros de clase, insultar, burlarse, incluso vejar. Este escenario resulta común en los centros educativos y puede llegar a ser perjudicial para quienes las sufren, generalmente en silencio y en soledad.

El término *bullying* se deriva, literalmente, del inglés bully, que significa matón o agresor. En este sentido, se trata de conductas que tienen que ver con la intimidación, tiranización, aislamiento, amenaza, insultos, sobre una víctima. Hay diversos tipos de abuso escolar, entre ellos el físico, que se caracteriza por empujones, patadas, agresiones con objetos, escupir o hasta dar una paliza al acosado. Pero no puede ignorarse el *bullying* verbal, tal vez el más frecuente; consiste en intimidar, insultar, menospreciar en público y poner motes burlones, resaltando defectos físicos. Asociado a este encontramos el *bullying* psicológico, dirigido a lastimar la autoestima del niño o joven, fomentando en él una sensación de temor, para luego perseguirlo, intimidarlo, chantajearlo, manipularlo, amenazarlo, humillarlo. Hay un *bullying* social, que logra aislar a niño o al joven del resto del grupo y de sus compañeros, sin dejarlo participar en actividades propias de su edad, manipulando las relaciones de amistad, difamándolo y creando rumores en torno al agredido. En otros ámbitos, encontramos el *bullying* sexual, que incluye asedio, acoso y abuso, incluyendo tocar, manosear, intimidar para obtener el acto sexual; y el ciberacoso, que no es otra cosa que hacer bastante de lo anterior, pero a través del Internet, redes sociales u otra forma de comunicación electrónica.

Cuando estos abusos son repetitivos, estamos hablando de *bullying*. Si esta conducta se trivializa y no hay sanción, surgirán nuevas víctimas, seres humanos injustamente estigmatizados y rechazados por los demás.

El *bullying* no es visto como una dinámica de comportamiento, es una agresión, una conducta aprendida, cuyas principales causas hay que buscarlas en los problemas que tienen los jóvenes en sus hogares o en los entornos próximos al hogar. Ante un estado de frustración o de intolerancia, se desquitan con los más indefensos. Por otra parte, en sus familias no les establecen límites, por lo que sus acciones no tienen consecuencias, y eso hace que el acosador piense que todo vale. El asunto no termina allí; ya se sabe que los chicos que sufren acoso escolar tienen un peligro mucho más alto de hacerse daño a sí mismos, incluso pueden llegar hasta el suicidio como la única forma de resolver sus problemas. Por ese motivo, sufrir de acoso en los primeros años puede tener efectos negativos fuertes durante la adolescencia.

Algunos jóvenes son más difíciles de herir que otros. Hay niños que son más vulnerables frente a una situación de acoso escolar. Por eso se aconseja que ellos tienen que saber que a cualquier lugar que vayan podrán encontrarse con niños y personas crueles. Es importante enseñar a los estudiantes a observar las conductas de sus compañeros, a discernir entre lo que está bien y mal. Un chico que está emocionalmente equilibrado puede ponerse en el lugar del otro, registrar la crueldad o el abuso y hacer algo al respecto.

No puede olvidarse que las consecuencias del acoso escolar son graves. El acosado se vuelve tímido, temeroso y algunas veces, agresivo; siempre están a la defensiva y suelen explotar ante cualquier situación incómoda.

En el esfuerzo por detener al *bullying*, es importante fortalecer emocionalmente a los chicos y prepararlos para que puedan resolver conflictos sin violencia y no ser presas fáciles del maltrato. La habilidad para crecer frente a los desafíos de la infancia surge de la capacidad para manejarse en el mundo de las emociones.

El director comunicó el incidente en una carta al Gabinete Psicopedagógico Panamá Centro del ministerio de educación, donde detallaba una a una las agresiones del estudiante y sus presumibles agresores. Adjuntó copias de sanciones anteriores de los tres estudiantes. Luego, se reunió con el comité disciplinario del colegio, cuyos miembros la firmaron en forma unánime. Él, personalmente, llevó la nota y, al llegar al Gabinete Psicopedagógico, solicitó ver a la licenciada María Angélica, directora de la entidad, quien era su amiga desde los tiempos universitarios, para explicarle la preocupante situación de acoso experimentada en su colegio.

—¿Cuándo sucedió ese incidente?

—Hoy mismo en la mañana.

—Te felicito por la prontitud con la que actuaste. Esa es la actitud correcta, el *bullying* puede ocasionar graves consecuencias si no actuamos con celeridad. Además, como leo en tu nota, se trata de un problema complejo, pues los espectadores tienen miedo de convertirse en víctimas, las víctimas temen recibir represalias y los cómplices no hablarán, ya que participaron en el hecho.

—Así es, sin embargo, las víctimas necesitan de nuestro apoyo. Este fenómeno es la amenaza más grave que tiene nuestro sistema escolar, por eso estoy consciente de lo importante que resultan las medidas adoptadas a tiempo. Como bien dices, es complejo el asunto, porque no se trata solo de la víctima, que son las más devastadoras; también provoca daño en el agresor y en los espectadores del acoso, en particular nuestros estudiantes más pequeños, los que están en proceso de crecimiento y desarrollo.

—Estoy de acuerdo. No te preocupes, tenemos un equipo de psicólogos y sociólogos que nos pueden ayudar. Mañana mismo los envío a tu colegio para que entrevisten a la víctima y a sus posibles agresores.

—Gracias, María Angélica. Mientras tanto, citaré a los padres de los involucrados para que también conversen con los especialistas.

## CAPÍTULO 2

Norma y Jorge llegaron a su casa poco después de las dos de la tarde, al abrir la puerta observaron que Vicente Jaramillo los esperaba, sentado en la sala. Apenas los vio, se incorporó, evidentemente disgustado, y avanzó hacia ellos. Madre e hijo se sintieron tan intimidados que retrocedieron dos pasos, hacia el umbral de la puerta, como disponiéndose a escapar.

—¿Y ahora qué carajo pasó? ¡Me mandaste veintitrés llamadas perdidas! ¡Pensé que la casa se había incendiado!

—Oye, cálmate.

—¿Qué me calme? ¿Piensas que no tengo nada que hacer más que estar pendiente de ustedes? ¡Explícame!

—Es que… a tu hijo lo atacaron unos compañeros.

El hombre miró a Jorge con desprecio. «Ese inútil no tiene nada de mi carácter. Si no fuera porque sacó varios rasgos familiares por mi lado, diría que me metieron un gol», pensó.

—¿Ah sí? ¿Y cuándo mierda vas a aprender a defenderte?

Jorge no respondió, bajó la cabeza. En ese momento, su padre se percató de que estaba rapado.

—¿Qué demonios te hiciste en la cabeza? Ahora pareces más anormal que antes.

—¡Vicente! ¡No fue él! Te digo que sufrió un ataque en la escuela, fueron sus compañeros —respondió Norma al ver que su hijo permanecía en silencio.

El hombre se levantó despacio y se acercó a su hijo. Lo tomó por un brazo y lo sacudió violentamente.

—¡Oye, tú, pendejo! Háblame o es que también te sacaron la lengua.

Jorge levantó la mirada lentamente, con lágrimas asomadas en sus ojos. Balbuceó una disculpa, pero su voz, quebrada por el llanto, impidió que su padre le entendiera.

—¿Y es que también te measte? ¡Hiedes a orina! ¡Es lo último que pensé ver!

—No, fueron sus compañeros —explicó Norma.

—¡Cállate, mujer de mierda! Por tu culpa, el idiota de tu hijo es así. Eres la única culpable de que sea un cobarde. ¡Lo sobreproteges! ¡Deja que hable!

Jorge respiró profundo e intentó controlar el pánico que le infundía su padre. Solo se le enfrentaba cuando trataba de defender a su madre.

—Mamá, deja que yo le explique.

—¿Y qué me vas a decir que yo no sepa hace rato? ¿Que eres un flojo y que les tienes miedo a tus compañeros de clase?

—No, papá, eran tres. Todos más fuertes que yo. Me sujetaron, trataron de raparme la cabeza con una navaja y como no me dejé me golpearon. Perdí el conocimiento.

—Y así fue como la niñita se dejó mear. ¡Cobarde!

Jorge no tenía más argumentos. La interpretación de su padre estaba matizada por el desprecio que sentía hacia él. No recordaba un solo momento agradable que hubieran pasado juntos. A lo mejor cuando era pequeño fue diferente, pero él no se acordaba. A pesar de todo, él lo quería, al punto que con solo unos pocos momentos que pasaran juntos, sin agresiones, eran bastantes para que se olvidara del maltrato y del acoso de sus compañeros.

A las personas que sufren maltrato y acoso, Dios les envía una isla de felicidad donde refugiarse. El refugio de Jorge era su compañera Naty, su única amiga. A pesar del sufrimiento, él era un chico tierno y amoroso y ella lo quería mucho.

Cuando Jorge llegaba a su casa y su madre estaba atendiendo a su padre, él se dirigía al estudio para no molestar. Hallaba en la lectura un aliciente para atenuar la crueldad del maltrato doméstico. Su madre, una lectora voraz, como ella misma se calificaba, una vez terminaba los oficios, si no tenía con quién hablar por teléfono, también se refugiaba en el estudio y leía y leía hasta aturdirse. Esa era la mejor manera de lidiar con la soledad.

Vicente trabajaba dieciséis horas diarias. Los fines de semana se llevaba trabajo a la casa y permanecía en su despacho hasta caer la noche, incluso no almorzaba, solo comía un emparedado y seguía trabajando y cuando terminaba, pedía a gritos la cena.

Norma se había graduado en una buena universidad de los Estados Unidos. No obstante, su título en Historia del Arte, no la calificaba para un buen empleo en un país orientado a los servicios. En ocasiones, frustrada, decía que el arte no tenía cabida en una nación de mercaderes. Cuando intentaba buscar empleo, Vicente le decía que para la porquería que le iban a pagar, mejor atendiera la casa. Por otra parte, ella no estaba preparada en las nuevas tecnologías. La computadora solo la utilizaba para enviar mensajes o para buscar la lista de los libros más vendidos. Su esposo, ingeniero en sistemas, se burlaba constantemente de su analfabetismo tecnológico. Muchas veces, ella le pidió que la enseñara, pero él se negaba, aduciendo que no tenía tiempo para enseñarles a las viejas las nuevas tecnologías.

Ella, con treinta y cinco años, no se consideraba una

vieja. Entonces, él le respondía que para aprender debe tener menos de treinta años. En una de esas discusiones, Jorge le dijo a su madre que él le enseñaría lo básico, pero su padre le dio dos gaznatadas aduciendo que no debía meterse en asuntos de adultos.

—Nunca vuelvas a intervenir cuando tu madre y yo discutimos; no eres quién para contradecir lo que yo digo.

Norma le temía a su esposo, porque cada vez que se disgustaba, le gritaba como un energúmeno. Pero ahora ella se llenó de valor y le dijo:

—Jorge no ha hecho nada, solo se ofreció para enseñarme el manejo de la computadora. Tú no tienes tiempo ni disposición para hacerlo. Deja que él lo haga.

—Pues hagan los que les dé la gana; eso sí, a mí no me jodan.

—¿Tenemos tu autorización?

—¿Por qué eres tan lenta, Norma? En eso Jorge salió a ti.

Norma dio por terminada la conversación.

Al día siguiente, cuando Jorge llegó de la escuela y terminó sus deberes, iniciaron las clases. Jorge estaba feliz de ser el profesor de su mamá. En menos de dos semanas, Norma se convirtió en una verdadera experta en tecnología. Una noche, mientras cenaban, ella le comentó a Vicente que tenía cuatrocientos seguidores en Twitter. Su esposo estrelló los cubiertos contra el piso.

—¡Mañana mismo te borras de todas las redes sociales! Esa es una herramienta para los jóvenes y para las mujeres que buscan marido. ¿Me entendiste?

—No seas absurdo. No es así. La mayoría de mis seguidores son familiares y amigos del colegio que he localizado.

—Me imagino ¿Algún exnovio entre ellos?

—No me digas que estás celoso.

—Para nada, ¿quién se va a fijar en ti? Hay muchas chicas bellas como para perder el tiempo con una vieja.

—Te contradices, ¿no?

—Es que no me da la gana de que mi mujer aparezca en las redes sociales haciendo papel de chiquilla, como una busca hombres.

—Está bien, no vamos a discutir. Mañana mismo me borro.

Jorge se mantenía al margen de la discusión, comía en silencio, distraído, hasta que su padre le gritó.

—¿Ya ves? ¡Tú eres el único culpable de que tu madre esté mostrándose como una ridícula ante todos!

Jorge dejó de comer y casi no respiraba. Esperó que su padre desahogara su disgusto en él como siempre hacía.

—Enseñándole ahuevazones a una vieja. Sí, no me mires con cara de inocente. Esa fue tu venganza. ¿No te das cuenta de que desde que sabe usar la computadora está feliz? Ya no se aburre con sus libros o sus amigas, ahora se viste elegante. Algo me dice que ya consiguió un amante cibernético. ¿No es así, Norma?

—No, y ya te dije que mañana mismo me borro de todas las redes.

—No. Mañana es tarde. Quiero que lo hagas ahora mismo. Frente a mí.

Cansada de tanto abuso, Norma se envalentonó. Se levantó despacio de la mesa, recogió los platos y sentenció.

—No lo haré, estoy ocupada y no permitiré que veas mi perfil. Es información privada y aunque no tengo nada que ocultar ni de qué avergonzarme, no me da la gana de compartirla contigo.

Vicente observó el lenguaje corporal de su mujer, antes sumisa y temerosa, ahora rebelde y agresiva. Se sentía cansado para seguir la discusión. Se levantó de la mesa y dirigió a la recámara. Se acostó vestido, encendió la televisión y se puso a ver las noticias.

Jorge terminó de comer y antes de retirarse a su habitación le dijo a su madre que no le hiciera caso a su papá, que esa era una cuestión de celos, porque ella se veía bonita.

—Eres un encanto. En eso sí te pareces a mí, ¿verdad?

—Ojalá, mami. Aunque, en ocasiones, pienso que no me parezco a nadie, soy gordo, feo y miope.

—No repitas eso, hijo. Esas libras de más las solucionamos con una dieta. Pronto reemplazaremos tus lentes gruesos por unos de contacto. Vas a quedar guapísimo. Por el dinero no te preocupes, es lo único que tu padre nos da, aprovechémoslo. Además, querido hijo, nunca olvides que te amo con todo mi corazón y que eres la razón de mi vida. Por otra parte, desde mañana iniciarás las clases de canto que tu padre suspendió cuando dejaste el karate. También te compraré una mascota. No le permitiré más a tu padre castigos inmerecidos.

—Como tú digas, madre.

—Entusiásmate, no quiero verte deprimido.

—¿Cómo quieres que esté después de lo que me ha pasado?

—Estoy segura de que el director lo solucionará y esos malditos pagarán por lo que te hicieron.

Pero, como era de esperarse, el padre de Jorge se opuso fervientemente a las intenciones de Norma y ella no pudo cumplirle las promesas a su hijo.

Jorge le enseñó a su madre a usar el iPad, le bajó varios libros y ahora leía mucho más. Ahora su lectura era interactiva. En ese momento estaba leyendo dos novelas interesantes: El Maestro del Prado, de Javier Sierra, e Inferno, de Dan Brown. Cada vez que leía una referencia acerca de una obra de arte, y la buscaba en Internet. Al observar cada uno de los detalles, sentía como si regresara a los años felices, cuando asistía a Princeton University, donde estudió Historia del Arte. La trama de las dos novelas era interesante y alejaba de su mente todas las preocupaciones. El protagonista de El Maestro del Prado explicaba las claves ocultas en las pinturas más célebres. En una visita al Museo del Prado se detiene en La sagrada familia, del maestro Rafael, la que Felipe IV llamó La perla. Cuenta el protagonista que un hombre que parecía caído de un lienzo de Goya se situó a su lado. Se había detenido a contemplar el mismo cuadro y le dijo: «Cuando el discípulo está preparado, aparece el maestro». Entonces le muestra los arcanos ocultos de aquellas galerías.

Norma, por lo general, alternaba las lecturas, pero en esta ocasión no pudo, pues de inmediato fue atrapada por esa trama. Cuando terminó, continuó con la de Dan Brown, que se basa en La Divina Comedia. Ella tuvo la oportunidad de leer el famoso clásico de la literatura en toscano, pues su abuela era italiana y le enseñó el idioma. Después, se interesó por aprender el italiano antiguo. Norma había leído La Divina Comedia varias veces y recordaba que en una ocasión le tocó comentarla en un círculo de lectura. El coordinador del grupo se rio de su ocurrencia, al afirmar que se había aburrido en el paraíso. En ese tiempo ella todavía conservaba el sentido del humor. Aún no estaba casada con Vicente.

Entretenida en la lectura, no escuchó los gritos de su esposo, hasta que él vino y pateó la puerta. Cada día se sentía más fastidiada del comportamiento del hombre que prometió amarla y respetarla ante el altar de Dios.

A Norma le molestaba que sus vecinos la compadecieran por el maltrato que recibía de su esposo. En una ocasión, un abogado que vivía en el mismo piso le ofreció su ayuda profesional. Ella la rechazó, aduciendo que su esposo no la maltrataba, que tenía mal carácter y que alguna vez gritaba, no obstante, la amaba. El vecino, sonriendo, le ratificó que cuando se decidiera a ponerle fin a esa situación, podía contar con él.

Pocas veces ella miraba televisión; sin embargo, esa mañana, en Televisora Nacional presentaron un documental acerca del acoso escolar. La periodista informaba que en los últimos años el *bullying* en los colegios de Panamá se había incrementado de forma alarmante. Comentó un informe de la Unicef, donde se detallaba un estudio realizado en América Latina. El mismo concluyó que, en Panamá, entre 400 000 a 550 000 estudiantes, en algún momento de su permanencia en las aulas de clases, pudieron ser víctimas de burlas, acoso o intimidación. Datos oficiales detallaban que un solo año se habían registrado varios casos en el país, principalmente en la capital, Chiriquí, Panamá Oeste y Colón.

El ministerio de educación en Panamá tiene ciento veintisiete Gabinetes Psicopedagógicos, los cuales son estructuras que brindan sus servicios de apoyo técnico a la educación, dirigida a la prevención, detección y atención de problemática educativas de los estudiantes, dentro del contexto escolar y social. Están integrados por psicólogos, trabajadores sociales y especialistas en dificultades del aprendizaje.

La psicóloga del Gabinete Psicopedagógico de Panamá Centro y Este que atendió el caso de Jorge subrayó que las causas del acoso, la violencia escolar y el *bullying* no son aisladas o exclusivas de ciertos sectores.

Además, hizo hincapié en la necesidad de establecer la diferencia entre acoso, violencia escolar y *bullying*. Afirmaba que existen factores de riesgo, como la exclusión social o la exposición a la violencia a través de los medios de comunicación social y en la familia.

Reiteraba que lo más alarmante era el efecto sicológico que se ocasionaba a las víctimas, quienes tienden a sufrir depresión y ansiedad, en conjunto con aumento del sentimiento de soledad y tristeza, cambios en patrones alimenticios y de sueño, pérdida de interés en general e incluso el aumento de pensamientos suicidas. Por otra parte, incrementa la posibilidad de tener malestares de salud, menor rendimiento y bajo aprovechamiento académico. En fin, una serie de consecuencias lamentables.

La periodista concluyó que en Panamá esta situación preocupaba a padres de familia, docentes y expertos, quienes esperaban que se afrontara el problema de inmediato. Otro factor que influye en este tipo de violencia es el uso del Internet, que actúa como factor auxiliar en la intimidación de los acosados.

Al día siguiente, temprano, Norma le notificó a su esposo que el director de la escuela los había citado a su oficina para entrevistarse con un especialista en *bullying*, asignado por el ministerio de educación para atender el caso de abuso contra Jorge.

—¡*Bullying*! ¿Y qué carajo es eso?

—Acoso escolar. ¿No te das cuenta de que los compañeros de tu hijo están abusando de él?

—Lo único que sé es que mi hijo es un cobarde, un congo de esos hijueputas.

—Debes ir conmigo para que esos chicos sepan que Jorge tiene padres que lo apoyan y defienden.

—No iré a pasar vergüenza. Ve tú si quieres. Por eso

es que él está así. No sabes cuánto me afecta saber que tengo un hijo tan pendejo. No puedo con eso.

—¿Cómo voy a ir sola? ¿Acaso soy viuda?

—A lo mejor serás pronto, ese idiota acabará con mi vida a punta de disgustos.

—Está bien; tú eres el que queda mal.

—No me jodas, que tengo que trabajar para mantenerlos— y apenas dijo eso, cerró de golpe la puerta y se retiró, rumbo a su oficina.

Vicente era gerente de una empresa de mantenimiento tecnológico. Meses atrás había comprado el 25 % de las acciones y los otros dos accionistas estaban satisfechos con las ganancias de la empresa. Él trabajaba el doble que sus socios porque detestaba regresar a su casa. Prefería permanecer por horas coordinando las tareas de mantenimiento que precisaban las muchas empresas que solicitaban el servicio.

Esa mañana, Norma se fue a la habitación de Jorge, quien se encontraba en el baño. Tocó a la puerta y Jorge salió con la cabeza baja, temblando y pálido.

—¿Te sientes mal?

—Sí. No quiero ir al colegio.

—Tendrás que ir.

Jorge se sentó en la cama. Norma le sacó la ropa y le advirtió.

—Tienes diez minutos para vestirte. Te espero en el carro.

Ambos llegaron al colegio cuando estaban cerrando la puerta de entrada. El director tenía como norma cerrarla a las siete de la mañana. Esa medida era poco común en los colegios públicos, no obstante, desde que Ulises Solís inició en el colegio, la adoptó como parte de los cambios.

Jorge caminaba despacio, mientras su madre a toda prisa se dirigía a la dirección. Cerca de la puerta del salón de clases, Naty esperaba a Jorge. Le afectó mucho verlo, además de gordo y con esos horribles lentes pegados con cinta adhesiva, rapado. Era triste, pero sonrió tratando de atenuar la expresión que debió reflejar su rostro.

—Lo sé. Me veo horrible —expuso Jorge.

—Pues sí. Un poquito más que de costumbre —respondió Naty bromeando.

Jorge no tuvo más remedio que sonreír. Naty tenía la facultad de hacerlo olvidar las penas, por triste que estuviera. Ella lo tomó por un brazo y entraron a la clase de Matemática. Adalberto, al verlos, se rio a carcajadas, y dijo:

—Miren. Es la pareja más horrorosa del colegio.

A pesar de que sus compañeros siempre le celebraban las bromas pesadas, en esta ocasión, guardaron un respetuoso silencio, sintiendo conmiseración por Jorge. Con excepción de los compinches.

—Y tú el más bocón y cobarde de todos los estudiantes —respondió Naty desafiante.

El profesor, que estaba al fondo del salón, subió el tono de voz para decir:

—Silencio, silencio. Hoy es el día de la prueba semanal. Espero que hayan estudiado mucho.

—Jorge, con todo lo que pasó, ¿tuviste tiempo para estudiar? —preguntó Naty.

—No, pero no te preocupes, recuerda que mi fuerte son los números.

—Tienes razón, siempre me explicas antes del examen, pero anoche ni me acordé de que hoy teníamos esa prueba.

—Tranquila, Naty. La semana pasada resolvimos todo el material del examen.

—Espero recordarlo.

—¡Silencio! Cada uno en su puesto, porque repartiré las pruebas.

En menos de veinte minutos Jorge había terminado su examen y se lo entregó al profesor. Adalberto apenas iba por el primer problema de los cinco que contenía la prueba. Al ver a Jorge acabar tan pronto no pudo contenerse.

—¡Sabio jediondo! Siempre haciéndote el interesante y entregando primero que todos para que el profesor nos rebaje el tiempo. Me la pagarás, rata de biblioteca.

—Ni una palabra más, Adalberto —exigió el profesor— o te quito el examen antes de que termines. Te exijo compostura y respeto. Hay un tiempo específico para la prueba.

Adalberto guardó silencio, mientras apretaba los puños para controlarse. Jorge ocultaba sus manos debajo de su pupitre para que nadie se diera cuenta de que temblaba. El profesor de Matemáticas trató siempre de manera especial a Adalberto, como un amigo, alguien que lo comprendía mejor que cualquier otro docente; nunca antes le habló con el tono que acababa de escuchar.

«¿Qué mosca habrá picado a este cabrón? ¿Es que ahora todos sienten lástima por el idiota de Jorge? Ni pienses que te volveré a prestar dinero, profesor de pacotilla», pensó Adalberto.

A la reunión en la dirección solo acudió Norma, quien conversaba con la profesora Julia. Media hora después, llegó el padre de Adalberto, quien le dijo a Norma que por el «sapo» de su hijo, él tenía que perder el tiempo en idioteces y agregó.

—Dile a tu marido que es hora de que enseñe a defenderse a ese chiquillo imbécil.

Norma, una mujer prudente y callada, estaba tan enojada que no pudo ni quiso contenerse.

—Ya veo a quién sale Adalberto, vulgar y violento. El colegio no es un campo de batalla, ni mandamos a nuestros hijos a la guerra. Este es un lugar donde debe haber un ambiente de seguridad para que ellos puedan prepararse adecuadamente.

—Y así será, señora Norma —dijo el director que en esos momentos entraba a la sala de espera en compañía de la funcionaria del ministerio de educación — Enseguida los atiendo, esperen un momento.

Instantes después, dirigiéndose al padre de Adalberto, señaló.

—Espero ver en usted un colaborador en busca de soluciones, no un elemento que complique más la situación.

Y enseguida le entregó el informe médico de Jorge a la funcionaria del ministerio de educación, encargada del Gabinete Psicopedagógico, adjuntando el testimonio de Natalia Quirós. Como los padres de los otros chicos no asistieron al llamado, la especialista recomendó suspender a los estudiantes acosadores hasta que estos se presentaran al colegio, se hicieran responsables por la conducta de sus hijos y aceptaran atención psicológica por parte de un especialista en *bullying*.

## CAPÍTULO 3

Cada vez que Natalia llegaba a su casa recordaba a su padre. Él siempre la estaba esperando, laboraba ocho horas diarias y regresaba a su hogar a descansar. En cambio, su madre se quedaba en la oficina hasta pasadas las siete de la noche. Ella trabajaba doce horas diaria y en ocasiones, llamaba y decía que no la esperaran para cenar, pues tenía mucho por hacer. Llegaba pasadas las diez, tan cansada que se acostaba sin comer. En los primeros años de matrimonio eso motivó muchas discusiones, pero después, su esposo se acostumbró. Cuando nació su hija, ella hizo un esfuerzo por trabajar menos. No obstante, una vez que la niña cumplió los dos años, retornó a sus prácticas anteriores.

Manuel Quirós había fallecido hacía dos años en un accidente de auto. Fernanda afirmaba que uno de los defectos de él era el descuido en el manejo. Hablaba por celular, incluso chateaba y no atendía las señales de tránsito. El día del suceso le entregaron el celular de su esposo y ella buscó los mensajes enviados y recibidos. Justo a la hora del accidente leyó un mensaje de su oficina, solicitándole un reporte de ventas urgente. Diez minutos después, otro de Manuel, enviando el reporte, y luego el último, el que no pudo enviar: Fernanda, estoy muriendo. Sí, chateaba, me descuidé. Gran choque. Mucho dolor, no puedo mover las piernas. Nadie viene. Está oscuro. Dile a Naty que la amo, que estaré a su lado.

A leer el mensaje, Fernanda sufrió un acceso de llanto tan fuerte que el policía estuvo a punto de pedir una ambulancia para ella, pero le habló y logró controlarla, diciéndole que la niña estaba asustada. En realidad, ella sentía un profundo dolor al pensar que nunca comprendió el gran valor que tenía aquel hombre que ahora yacía muerto.

La muerte de su padre afectó a Naty, dejó de comer por varios días, mientras su madre se refugiaba en su trabajo con más ahínco que antes. Los padres de Manuel habían fallecido años atrás, lo mismo que la mamá de Fernanda, así que ella optó por pedirle ayuda al papá, para que en conjunto con una mujer que contrató para los oficios de la casa contribuyeran con el cuidado de su hija. Sin embargo, a la empleada no le interesaba que la niña comiera y los hombres pocas veces se fijan en esos detalles; por otra parte, las amigas de Naty comenzaron a halagarla, diciéndole que parecía una modelo. Todas sus compañeras le pedían la dieta y ella, sintiéndose foco de la atención general, respondía: «No coman y rebajarán».

Pasaron unos meses y Natalia enfermó gravemente. La pérdida de peso corporal superaba ya el 25 %, se le cayó el cabello, tenía las uñas rotas y cuatro meses de ausencia de la menstruación. Una mañana, al llegar al colegio, se desmayó, y como no recuperaba el sentido, la llevaron al hospital. Su madre estaba en una gira de trabajo y su abuelo no se encontraba en casa.

Le diagnosticaron anorexia nerviosa con episodios bulímicos. Ella misma le confesó al psicólogo que algunos días arrasaba con todo lo que había en el refrigerador; se levantaba de madrugada, cuando todos dormían, y se atracaba, pero luego se arrepentía por su descontrol y vomitaba hasta la última partícula de comida.

El médico le explicó que era imperativo que se alimentara correctamente, pues si continuaba con esas prácticas nocivas, podía morir y le expuso los peligros de la enfermedad. Como Natalia no le prestaba gran atención, el médico reiteró.

—La anorexia es una enfermedad que puede llegar a ser mortal, ¿me entendiste?

—Doctor, se dice: «¿me expliqué»?

—Mira, Naty, por más que yo me explique, si tú no me entiendes, te mueres. ¿Me expliqué? —preguntó el médico, molesto ante la insolencia de la adolescente.

Como Natalia permanecía en silencio, el médico insistió.

—Debes ser consciente de que algo no funciona bien en tu cabeza, que te confunde, te engaña y te obliga a autodestruirte.

Cuando pudo hablar con Fernanda y el abuelo de Naty, les indicó.

—Señora, requiero de toda su atención. Su hija está delicada, mejor dicho, se encuentra grave.

—Pero, ¿y qué tiene ahora?

—Yo no diría «ahora». Este es un cuadro que se ha venido desarrollando desde hace tiempo. Se trata de anorexia nerviosa.

Fernanda discutió en fuertes términos con el médico, negando la posibilidad de que algo así hubiese ocurrido en su casa. Él le explicó que se había comunicado con el médico de cabecera de Natalia, quien le confirmó el peso anterior. La chica había bajado treinta libras en nueve meses. Además, ella misma le había confesado que cuando no comía, experimentaba la sensación de que su cuerpo flotaba en el espacio, mientras la sangre fluía por sus venas. También dijo que estaba feliz, pues ahora todos sus compañeros la encontraban atractiva. Cuando empezaron a llamarla «flaca» ella se sintió encantada. Ya no tenía que preocuparse por la gordura. Lo que ella ignoraba era que poco a poco su vida se iba reduciendo a la nada y su deseo de vivir menguó igual que su organismo. La tristeza profunda de su mirada contrastaba con la completa y absoluta determinación por lograr su propósito de ser la más delgada de sus compañeras. Todos los días se pesaba y, aunque seguía bajando de peso, una voz le decía: «Gorda inmunda, hoy no puedes comer».

Natalia fue referida a una especialista en nutrición y a un psiquiatra. La nutricionista le informó que iniciarían con una dieta de cuatrocientas calorías, después seiscientas, hasta llegar a dos mil. Los primeros días la dieta fue líquida, después comida en pequeñas cantidades. El proceso de recuperación de una anoréxica es largo y lento. Sin embargo, Natalia estaba tan asustada que prometió seguirlo.

Una noche, su madre encontró a Naty llorando en su recámara, sentía deseos de comer compulsivamente y no lograba controlarse. Le gritó que ella era la culpable, pues si su padre estuviera a su lado, nada de eso pasaría.

Fernanda se dirigió a su recámara, buscó el mensaje en el celular de Manuel y se lo entregó a Naty.

—Querida, tu padre siempre estará a tu lado, lee el último mensaje que escribió antes de morir.

Con mano temblorosa, Naty leyó el mensaje. Sin pronunciar una sola palabra, secó sus lágrimas, se acostó, cerró los ojos y fingió dormir. Fernanda la obligó a sentarse en la cama y por primera vez en mucho tiempo, habló con su hija en debida forma. Estaba preocupada por su enfermedad. Naty vivía en un submundo donde su única ley era la abstinencia.

Fernanda inició la conversación, reiterándole cuánto la amaba, pero Naty no respondió. Su madre la miró y se sintió consternada, al ver que sus huesos se marcaban en su piel, el cabello escaso y opaco, la piel reseca, los ojos hundidos, los labios cuarteados y los pómulos salientes le daban un aspecto cadavérico. Naty no soportó la mirada de su madre observándola de pies a cabeza.

—No digas nada más. Eres igual al psiquiatra, quieren que me vea como una vaca. Como tú eres una vieja y mi papá está muerto, no te importa tu aspecto, estás obesa. Ahora se han empeñado en atiborrarme de comida. Ustedes quieren lavarme el cerebro para que vuelva a ser esa gorda horrorosa de la que todos se burlaban.

—Hija, ¿qué dices? Primero, yo no estoy gorda y, segundo, si crees que te ves bonita, así como estás, te equivocas. Tu aspecto es de debilidad extrema, te has enfermado, hija, y debes evitar seguir haciéndolo.

Naty se dejó caer pesadamente en su cama y comenzó a llorar.

—Hija, no ocultemos eso. Estás enferma y tu deplorable estado de desnutrición te lo provocas al no comer. Tu cerebro necesita energía para funcionar y la energía te la da la comida. Si a un carro no le pones gasolina, no funciona, ¿es que no lo entiendes? Querida hija, reacciona, no sé qué sería de mí sin ti, eres lo único que tengo. ¡Lucha por recuperarte!

Madre e hija se quedaron en silencio por varios minutos. Naty amaba a su madre y reconocía que aunque la dejara sola mucho tiempo, lo hacía para darle lo que ella nunca tuvo de niña. Fernanda fue pobre y no deseaba que su hija pasara iguales privaciones.

Fernanda la abrazó, prometiendo dedicarle más tiempo. Solo trabajaría siete horas diarias. Entre silencios, ambas concertaron que lucharían incansablemente contra la anorexia, esa terrible enfermedad que amenazaba la vida de Naty. Ella se acostó con su hija y permaneció a su lado hasta que se durmió. Minutos después, apagó las luces y se retiró. Fernanda cumplió su palabra y se dedicó a cuidar su hija.

La batalla contra la anorexia de Naty fue titánica, pues en ocasiones, desfallecía, claudicaba y se decía a sí misma que no tenía fuerzas para continuar. La comida era su peor enemigo, la odiaba. Sin embargo, no tuvo más remedio que aceptar que los alimentos eran el sustento para mantenerse viva y la energía que su cuerpo necesitaba para funcionar. Consciente de que su enfermedad era incurable, que solo podía controlarla y no hacerla desaparecer, se concentró en el presente. No pensaba a largo plazo, solo establecía metas cortas y repetía todos los días: Solamente por hoy comeré los alimentos que necesito para no enfermar.

Esa fue la parte de la terapia que más le costó asimilar. Aceptar que era una enferma crónica, adicta a la comida. Debía vigilar que sus estados de ánimo no ocasionaran trastornos alimentarios. Aprendió a situarse a distancia de su realidad, a separarse y a analizar su vida como observadora objetiva de sus propias circunstancias.

Un año después de los tratamientos, Naty había recuperado su peso normal y seguía bajo supervisión de la nutricionista y del psiquiatra. Precisamente en ese momento conoció a Jorge. En la mirada de ese chico vio, como en un espejo, sus carencias del pasado y sintió una gran empatía. A pesar de que Jorge no tenía amistades, desde el principio aceptó a Naty como su amiga inseparable. A ella todos sus compañeros la seguían llamando: la Flaca y a Jorge le pusieron el sobrenombre de Gordo. No le molestaba ese mote, más bien la halagaba; sin embargo, le enojaba que a Jorge lo llamaran así, como si no tuviera nombre.

Al chico poco le importaba esa situación, porque sabía que sus compañeros lo envidiaban. Él estaba mejor preparado académicamente, pues en su colegio anterior recibió muchos conocimientos y se sentía en ventaja cuando la profesora preguntaba algo que él sabía y que los demás ignoraban.

¿Por qué seguía estudios en ese plantel? Por un castigo absurdo impuesto por su padre. Como él se negó a tomar clases de karate, su padre lo retiró del colegio privado y lo matriculó en uno público.

Una semana después del inicio de clases, los compañeros de Jorge comenzaron a acosarlo. Primero verbalmente, incluso en presencia de algunos profesores, quienes muchas veces hasta celebraban las bromas de mal gusto. Después vino el abuso físico, en los recreos y a la hora de salida. En una ocasión, Jorge los reportó con la profesora de Ciencias Sociales y ella le respondió que eso le correspondía resolverlo a su consejera. Adalberto lo escuchó poner la queja y al finalizar las clases, buscó a dos de sus compinches y lo golpearon, además de advertirle que si volvía a acusarlos, la paliza sería más fuerte.

A partir de ese momento inició la pesadilla de Jorge. Convencido de que el silencio sería su mejor protección, no volvió a quejarse. Esto contribuyó a la impunidad de los acosadores y a la indiferencia de los espectadores, quienes aducían que si él no protestaba, ellos tampoco lo harían. Adalberto se encargó en aislar a Jorge, prohibiéndoles a sus compañeros que se acercaran a él.

El *bullying* es una de las amenazas más grave del sistema educativo y hacen falta medidas urgentes para minimizarlo. Este fenómeno no solo debe abordarse por vía represiva, con castigos ejemplarizantes, expulsión, cambio de colegio. Es responsabilidad de los colegios dar una respuesta esencialmente educativa, integral.

El director llamó a Jorge a su despacho. Todavía se veía afectado por la agresión sufrida y su profesora consejera le informó que su desempeño bajaba.

—Todos tus profesores están preocupados por el

descenso repentino en la calidad de tus calificaciones. Posees una inteligencia superior, siempre has sido un excelente estudiante. Somos conscientes de la presión que te ha creado el acoso sufrido. Pero debes reconocer lo importante que son los estudios para tu futuro.

—Me esforzaré más —afirmó él, con timidez.

—No creo que se trate de esforzarte, Jorge, sino de que te centres. Tienes que sobreponerte a lo que te sucedió. Ten la seguridad de que lo resolveremos. Debes concentrarte en lo que realmente importa, tus estudios.

—Lo intentaré.

Jorge siempre estaba triste. En ocasiones, mientras cenaba con su madre en casa, empezaba a llorar sin motivo aparente. Cuando ella le preguntaba qué le sucedía, él afirmaba que le dolía la cabeza. Pero la realidad era que lloraba por la profunda soledad que atenazaba su corazón y por el silencio que lo asfixiaba y le impedía comunicar su inmenso dolor. De noche se despertaba dando gritos y suplicando que no lo golpearan. Su madre ya había observado que él no se relacionaba con sus compañeros como lo hacía en el colegio anterior. Cuestionaba a su hijo sobre este cambio de actitud y este respondía que no tenía interés de relacionarse con chicos vulgares y groseros.

La salud de una víctima de *bullying* suele afectarse de manera notable: El estrés es una carga permanente, la angustia, la sensación de intranquilidad y el temor se apoderan del joven en el momento en que su cuerpo y su mente se están desarrollando. Esto afecta los resultados académicos, el aprendizaje y todo su desarrollo, además de sus relaciones familiares y su comportamiento. Esta situación los orilla a un abismo profundo donde las víctimas perciben que no tienen escapatoria.

Una tarde, al regresar del colegio, Jorge le dijo a su madre que había perdido el celular. Ella lo reprendió, pues el equipo era costoso.

—Cómprame uno de quince dólares, así no me lo quitarán.

—¿Acaso te lo dejaste quitar? Me acabas de decir que lo perdiste.

—Las dos cosas, mamá. Ellos forcejearon conmigo y el celular se cayó por una alcantarilla.

—¿Quiénes son ellos?

—Mis compañeros de clases, ellos son unos maleantes.

—Hijo, que no te oiga tu padre. Por eso, él insistía en que tomaras clases de karate para que aprendieras a defenderte.

—Puedo con uno, pero no con tres o cuatro.

—Acúsalos con el director.

—Sería peor, sé perfectamente lo que digo.

La llegada del padre de Jorge interrumpió la conversación. Su madre le hizo señal de que callara. Una vez más, el silencio fue el peor consejero de Jorge y el mayor aliado de sus agresores.

Los compañeros de Jorge eran espectadores cómplices de las agresiones, pues participaban con risas y abucheos, reafirmando la actitud de acoso. La única que se oponía de manera decidida era Naty, expresándoles que no era divertido y que no les gustaría que se lo hicieran a ellos. Como no detenían sus ataques, ella gritaba fuera de sí: «¡Basta, basta ya!». Solo entonces, Adalberto les ordenaba a sus compinches detener el acoso por temor a que los descubrieran.

Después de varios meses de esa situación fue que ocurrió la agresión en los baños, algo que planearon con días de anticipación, ya que era el único lugar donde Naty no podía entrar para impedirles darle su merecido a Jorge. Esa acción fue la sentencia de Adalberto. Uno de sus compañeros se asustó y le dijo que no participaría, esa misma tarde, al salir de clases, el chico recibió una paliza. Adalberto y dos de sus cómplices lo esperaron cerca del colegio, pues vivía cerca y hacía el trayecto a pie. Ese día Khaled comprendió el sufrimiento de Jorge. Estaba dispuesto a acusarlos con el director, pero Adalberto lo sospechó y adelantó el ataque. Khaled salía del baño cuando entraban a Jorge a empujones. No pudo moverse del lugar y aterrado, vio cómo sus compañeros lo derribaron. Adalberto se le sentó encima y procedió a raparle la cabeza, pero como Jorge se resistía, le cortó el cuero cabelludo. La sangre le corría por la cara y tuvo que cerrar los ojos. Su instinto de supervivencia le hizo mantenerse inmóvil para que sus agresores no le infligieran mayor daño. Al terminar de raparlo, todos se orinaron sobre él. Al salir, empujaron a Khaled y Adalberto le gritó que él sería el próximo.

## CAPÍTULO 4

Jorge tenía cita con la psicóloga esa mañana temprano. En los primeros minutos, se mantuvo callado, indiferente, como si nada le importara. Ni siquiera la miraba. La profesional habló previamente con los padres de Jorge y percibió que el joven no contaba con ellos. La madre era dominada por un esposo machista cuyo único lenguaje era la violencia. Ella, incapaz de enfrentarlo, y al evitar que su hijo hablara del incidente de acoso escolar, reforzaba su silencio.

La psicóloga le explicó a su paciente que él no era culpable ni provocaba las agresiones de sus acosadores. Por lo tanto, no debía enfrentar solo esa situación.

—Jorge, escúchame. Tú no eres el del problema. Los agresores son quienes lo tienen, recuérdalo siempre—reiteró al ver que el chico continuaba distraído, ausente.

Jorge se mantenía en silencio y la psicóloga le preguntó:

—¿Cómo piensas detener estos ataques físicos?

—No puedo hacer nada. Ellos dejarán de golpearme cuando me muera, cuando acaben conmigo.

La doctora Martínez se levantó de su silla, se sentó cerca de él y bajando el tono de la voz, le preguntó.

—¿Has pensado en suicidarte?

—Solo una vez, pero no puedo dejar sola a mi mamá. Mi papá no es bueno y aunque yo le tengo miedo, la defiendo. Además, ella me quiere y sufriría mucho. Así es que prefiero sufrir yo.

—¿Sabes una cosa, Jorge? Nadie más va a sufrir. Te

prometo que resolveré este asunto y nunca más tendrás miedo. Dime, ¿cuándo empezó el acoso?

—Hace como seis meses, primero fueron burlas e insultos. Después golpes y patadas, hasta alejaron a mis compañeros, amenazándolos con que, si se me acercaban, también los golpearían. Yo pensé que en unas semanas esa situación pasaría, pero no fue así y se prolongó por meses.

—¿Por qué no se lo comentaste a tus padres?

—No podía. Mi papá siempre me llama cobarde, enclenque y otras palabras más feas.

—¿Por qué no acudiste a tu consejera?

—Se lo dije una vez, pero ella solo les llamó la atención y esa tarde me golpearon más fuerte. Además, rompieron mis anteojos. Le conté a mi mamá lo sucedido y ella me aconsejó que no se lo dijera a mi padre y que si me preguntaba le dijera que me había caído. Esa noche mi papá me dijo: «idiota de mierda, te caes como si fueras una vieja». Doctora mi vida es difícil, la única que me trata con cariño es Naty. Mi madre se abstiene de hacerlo porque mi papá le dice que ella me ha convertido en un pendejo.

—¿Quién es Naty?

—Mi única amiga. Me quiere tanto que hasta me dice guapo, cuando soy tan feo. No es que sea mentirosa, me lo dice por cariño.

La psicóloga, madre de tres niños, se conmovió. Un niño abusado en su hogar y acosado en el colegio, con baja autoestima y, en contrapunto, con una capacidad inmensa para soportar el sufrimiento. A pesar de todo y por sobre su tristeza, la profesional descubrió una gran ternura cuando el chico mencionó a su amiga Naty.

—Lo primero que haremos es mejorar tu aspecto. Mañana tienes cita con la nutricionista. Debes bajar veinte libras. Hablé con tu mamá para que te busque unos bonitos lentes y a lo mejor hasta puedes usar lentes de contacto. Tu miopía es severa. También quiero que cambies tu actitud, debes reanudar tus clases de karate. No para que respondas con violencia a los ataques. Todo lo contrario, deseo que tengas confianza en que te sabes defender. Eso te dará seguridad.

La doctora Martínez observó que Jorge estaba distraído, como si su mente estuviera a kilómetros de distancia. Alzó el tono de voz y continuó.

—Cuando se burlen de ti, no llores ni te enfades. Tampoco te quedes callado. Responde al agresor con tranquilidad y si piensas que la situación es peligrosa, aléjate y vete a otro sitio donde se encuentre un adulto.

—Usted cree que es fácil. Lo he intentado todo y nada resulta.

—Jorge, también trataré a los agresores y, si no cambian su actitud, recomendaré que los expulsen del colegio. Ellos tienen muchos más problemas que tú. Por eso son tan agresivos.

—Está bien, espero que usted pueda solucionar esta situación. Pondré de mi parte, Seguiré la dieta para que no me vuelvan a decir gordo mantecudo y cambiaré mis lentes. Creo que ponerme lentes de contacto sería ideal. Pero no se lo diré a nadie. Son capaces de meterme el dedo en los ojos para sacármelos.

—Jorge, tus compañeros deben aprender a aceptar y a respetar las diferencias. Los seres humanos somos distintos y no solo físicamente. Es acertado cambiar tu aspecto para mejor, yo misma lo he sugerido, pero creo que las agresiones son el resultado de la envidia de tus compañeros. Posees una inteligencia privilegiada. En la prueba que te hice muestras un índice de inteligencia superior. No se te ocurra pensar que siendo menos inteligente lograrás evitar que te agredan.

—No, doctora, pero procuraré no responder a todas las preguntas cuando mis compañeros no la sepan.

—Jorge, tú no eres culpable de nada. Convéncete, eres inocente de todo lo que te endilgan. Los mediocres siempre atacarán a los superdotados. Cuando el ataque es verbal, tómalo como un homenaje a tu talento. Cuando es físico, defiéndete o busca a un adulto que los detenga.

—Entonces, ¿quiere que aprenda karate para que les entre a puño?

—No, Jorge, pero es bueno que tus agresores se enteren de que te sabes defender.

La psicóloga, en su informe, describió la soledad que sienten los jóvenes superdotados cuyas herramientas sociales no están al nivel de su intelecto, y que a menudo se ven marginados y acosados por sus compañeros.

Al terminar la consulta con Jorge, fue a hablar con el director. La doctora Martínez le comentó que Jorge tenía todas las características de una víctima de acoso escolar: personalidad insegura, baja autoestima, alto nivel de ansiedad, débil, sumiso, introvertido, tímido y con dificultades para relacionarse socialmente. Casi no tenía amigos y generalmente estaba solo. También detectó una indefensión aprendida, lo que hacía que el chico cayera en una espiral de victimización.

—Doctora Martínez, entonces Jorge, posee el perfil de las víctimas, ¿es así?

—También, tiene el aspecto físico: sobrepeso, usa lentes gruesos, baja estatura, frenillos, además de ser un chico sobreprotegido por su madre y maltratado por su padre. Por otra parte, ha creado gran dependencia con una de sus compañeras, Naty. La familia de Jorge no lo ayuda, me refiero más que nada a su padre. Él tiene una actitud negativa, carente de afecto hacia su hijo, incluso de rechazo.

—Pero, ¿y qué me dice de los agresores?

—Mañana tengo citados a dos de ellos. A Adalberto lo atenderé de último. Él es quien dirige el grupo. El más problemático de todos.

—Doctora, este es un grave problema y debemos resolverlo por etapas. Lo primero es evitar que continúen las agresiones hacia Jorge y si se produce alguna otra, tendré que tomar medidas más fuertes.

—Antes de terminar la consulta, Jorge me contó que por primera vez en mucho tiempo nadie lo ha molestado. Pero que sabía que esa tranquilidad no duraría mucho tiempo.

—No se preocupe, doctora, ya le di instrucciones al inspector para que esté pendiente de esos tres delincuentes, porque incluso pueden cambiar de víctima. Con ellos y sus retorcidas mentes, nunca se sabe.

La psicóloga se sintió molesta por la forma en que el director se refirió a sus pacientes, pero lo comprendía. Es difícil sentir empatía por los agresores. Ellos también sufren, aunque no expresen su dolor. Casi siempre vienen de familias desintegradas, con carencia de amor y de cuidados e incluso, en algunos casos maltratados por sus padres. Son incapaces de acatar normas debido a la permisividad familiar. Baja tolerancia a las frustraciones, carencia de empatía, agresivos e impulsivos, reflejos de la violencia que sus padres ejercen sobre ellos. Su trabajo era hacerles entender a esos chicos los límites de conducta que deben observar y las consecuencias que enfrentarán por su incumplimiento. No obstante, no hizo comentarios, se levantó y le prometió al director mantenerlo al tanto de los avances de sus pacientes.

Naty esperó a Jorge a la salida de clases y lo invitó a su casa. Él llamó a su madre para pedirle permiso y ella aceptó con la condición de que regresara antes de que su padre llegara a la casa. Jorge le contó a su amiga la sesión con la psicóloga. Ella respondió que sabía bien de lo que hablaba, porque asistió por más de dos años a consulta con su psiquiatra.

—Todavía mi loquero me da citas, ahora solo cada seis meses, pero cuando salí de la clínica me atendía dos veces por semana.

—Espero que las mías no sean tan seguidas.

—Necesitas ayuda, amigo y es mejor que no pongas objeciones. ¿Sabes si a esos maleantes los atenderá la misma psicóloga?

—No lo sé, espero que ellos también reciban atención, la necesitan.

—Jorge, eres bueno al tratar de comprender a esos tipos, lo que sí no acepto es que los justifiques.

—No los justifico, no me malinterpretes. Estoy seguro de que tienen problemas, busqué información en el Internet sobre el *bullying*.

—*Bullying*, ¿qué es eso?

—Acoso escolar.

—¿Tú sabes si ya tuvieron cita con la psicóloga?

—No, a dos de ellos les toca mañana y Adalberto irá al jueves.

Miguel y Julio asistieron a la cita, acompañados de sus padres. Primero pasaron a la oficina del director, quien les entregó copia del reporte de lesiones que sus hijos le infligieron a Jorge. El padre de Julio enseguida le preguntó al director si tenía pruebas en contra de su hijo.

—Dos testigos. Una observó que los involucrados en la agresión empujaban a Jorge y el otro los vio cuando lo rapaban y vejaban. Además, tengo la confesión de su hijo.

El padre de Julio guardó silencio. Buscó con la mirada al muchacho y este bajó la cabeza. Los padres permanecieron en silencio hasta que la psicóloga los llamó. Los dos estudiantes rehusaron quedarse en el despacho del director y le pidieron permiso para esperar en la biblioteca. El profesor accedió, pues le enervaba la cercanía de esos aprendices de delincuentes.

La doctora Martínez se reunió con los padres de Julio y de Miguel, pero en ninguno encontró disposición de cooperar. El padre de Miguel se mostró agresivo en varias ocasiones, afirmando una y otra vez que, si su hijo necesitaba ser atendido por un psicólogo, sería elegido por él y no por el colegio.

—Señor Miranda, a mí no me escogió el centro educativo, fui designada por el ministerio de educación. Si usted no acepta que yo me encargue de atender a su hijo, entonces tendrá que cambiarlo a un colegio privado, pues ninguno público lo admitirá después de que yo rinda mi informe.

—No me venga con amenazas; además, puedo pagar el colegio privado que desee.

—Entonces no perdamos más tiempo, llévese a su hijo al colegio que quiera.

—Estamos a mediados de año, ninguno lo recibirá.

—Es mejor que hablemos claro, señor Miranda— intervino el director—. Ningún colegio privado lo recibirá porque su hijo tiene gravísimos problemas de conducta. Antes de matricularlo en este centro educativo, él fue expulsado de tres colegios privados.

—¿De dónde sacó esa información?

—Realicé una investigación antes de aceptar a su hijo. Le dije a su esposa que no le negaría la oportunidad de estudiar, pero que tenía que comportarse. Es más, personalmente hablé con su hijo y él prometió cumplir con el reglamento del colegio.

La señora Miranda permanecía en silencio, con la mirada fija en el reporte de lesiones. Su esposo le preguntó si creía capaz a su hijo de herir a un compañero. Ella levantó la mirada, apenas conteniendo las lágrimas y habló con voz entrecortada por la emoción.

—Estamos aquí para aceptar los errores de nuestro hijo, ¿no es así? No me voy a engañar, claro que lo creo. Nuestro hijo es incapaz de controlar la ira, porque tiene un carácter agresivo y violento.

El señor Miranda no la dejó terminar y acercándose a ella le hizo saber que mejor se hubiera quedado en casa, porque a los hijos se les defiende hasta las últimas consecuencias. La funcionaria del ministerio de educación intervino de inmediato, afirmando que a los hijos se les educa, la defensa a ultranza no es la actitud correcta, ni tampoco negar su mal comportamiento y mucho menos justificarlo.

El señor Miranda, se levantó de la silla y le ordenó a su esposa.

—Resuelve tú este problema como mejor te parezca y si el director se empeña en expulsar a tu hijo, que no estudie y si no termina la escuela, a mí me importa un carajo. Yo no terminé la secundaria y tengo más dinero que todos estos profesores juntos.

De inmediato abandonó el despacho de la dirección, dando un portazo. La señora Miranda no pudo más, se tapó el rostro con las manos y dio rienda suelta a su frustración. El director dejó que se desahogara y, cuando se calmó, le dijo que no se preocupara, estaba seguro de que juntos resolverían el problema y si su hijo aceptaba ser tratado por la psicóloga podía quedarse en el colegio. Ratificó que esa era una condición inquebrantable.

Minutos después, le expuso la situación a Miguel y este aceptó recibir atención psicológica. Los padres de Julio se resistían a creer que su hijo fuera capaz de abusar de uno de sus compañeros, pero al examinar las pruebas testimoniales, no tuvieron más alternativa que aceptar la culpabilidad y que asistiera a las citas con la doctora Martínez, afirmando que estaban dispuestos a colaborar en la terapia.

El director sabía que el hueso más duro de roer era Adalberto, razón por la cual la psicóloga lo dejó de último. Era evidente que a sus padres no les interesaba en lo absoluto la suerte que corriera su hijo, dado que no acudieron a los dos llamados de la dirección. En vista de eso, el director decidió que Adalberto no se incorporaría al colegio hasta que sus padres se comprometieran a que él recibiese la atención psicológica.

Esa misma tarde, al salir del colegio, se dirigió a la casa de Adalberto. Él mismo le abrió la puerta de la lujosa residencia en Altos del Golf, donde vivían.

—Jefe, ¿qué lo trae por mi casa? —pregunto en son de burla.

—Deseo hablar con tus padres.

—No están.

—Los esperaré.

—Llegarán a altas horas de la noche. Mi padre trabaja hasta tarde y mi madre salió de compras. Ella prácticamente vive en Multi Plaza.

—De todas formas, los esperaré. ¿Puedo pasar y sentarme?

—Está en su casa y perdone que no lo acompañe, estoy viendo una película en mi habitación.

—¿Acaso estás solo?

—No soy un bebé, además, siempre estoy solo.

El director sintió conmiseración por Adalberto. A pesar de sus bravuconadas, era un chico solitario y triste. Cerca de las ocho de la noche llegó el padre de Adalberto, quien al escuchar el motor del auto se apresuró a abrirle la puerta.

—Por qué tienes esa cara, ¿qué ha pasado?

—El director está esperándote en la sala.

—¡El director de qué!

—De la escuela.

—¡Qué fastidio! ¡Yo tan cansado y viene este pendejo a joder!

Al escuchar la conversación, el director se acercó y alcanzó a escuchar la expresión grosera del padre de Adalberto. Se apresuró a saludarlo y le comentó brevemente el motivo de su visita. Todavía estaban en el umbral de la puerta cuando llegó la madre. Las bolsas de las compras eran tantas que se le caían, las recogía y volvían a caer. El director se apresuró a ayudarla, mientras Adalberto y su padre soltaban sonoras carcajadas. Les pareció cómico ver que el director recogía una bolsa, mientras a su madre se le caían dos más.

La señora lo invitó a sentarse en la sala y le preguntó el motivo de su visita. Al director le pareció una pregunta absurda, pero ya nada le extrañaba. Sostuvieron una acalorada discusión, pero al final, los padres de Adalberto aceptaron que su hijo también recibiría atención psicológica.

## CAPÍTULO 5

Los padres de Adalberto llevaban trece años y medio de casados, pero en realidad si Andrea no hubiera estado embarazada, jamás se hubiera casado con Alberto. Para él, uno de los empleados de una de las empresas de su padre, casarse con la única hija de un abogado prestigioso y rico, era la forma más expedita de prosperar. El padre de Andrea estaba desesperado por casar a su hija, pues para su círculo de amigos, ella, con treinta y nueve años, ya era una solterona. Alberto, siete años menor, no le dio importancia a la diferencia de edad, es más, pensaba que eso era una ventaja, puesto que reafirmaba la autoestima de Andrea. La asedió por varios meses y el noviazgo fue tormentoso.

En ese tiempo Andrea sostenía una relación con un hombre mayor, casi de la edad de su padre. Sin embargo, ella lo amaba. Alberto siguió por tres días al novio de Andrea hasta que descubrió que este tenía una amante. Les tomó fotografías comprometedoras y se las envió a ella desde el correo de un amigo. La misma semana que ella terminó con su novio. Él empezó por enviarle flores y todas las mañanas, una poesía. Sabía que ella, licenciada en Filosofía, apreciaría esos pequeños detalles.

A él, con su precaria preparación académica, no le sobraban estos recursos; no obstante, su hermano era poeta y era quien le escribía las cartas y los poemas. Andrea, deprimida y desilusionada, vio en la relación con Alberto un escape, se dejó llevar y aceptó el galanteo. Así fueron pasando los meses, hasta que una mañana sintió náuseas y fuertes mareos. Esa misma tarde fue donde su médico, quien le confirmó que estaba embarazada. Cuando se lo dijo a Alberto, este se mostró feliz. Sin embargo, le prohibió comentárselo a su padre, diciéndole:

—Te amo con toda mi alma y no quiero que pases un mal momento, tu papá se pondrá furioso. Déjame afrontar la situación. Recuerda que él es violento.

Andrea asintió con la cabeza y dejó que Alberto hablara con su padre. La reunión duró mucho tiempo, solo se escuchaba la voz del papá, gritándole a Alberto que era un desgraciado, alguien que traicionó su confianza, burlándose de su hija. Después de los gritos, minutos de silencios que a Andrea le parecieron interminables.

Una hora después, Alberto salió de la oficina y le dijo a su novia que todo estaba arreglado. Ella esperaba, ansiosa, los detalles, pero Alberto se mantuvo en silencio. De repente, se abrió la puerta de la oficina y su padre se le acercó diciendo:

—Espero que este hombre sepa apreciarte, si no lo hace se las verá conmigo. Se casan en un mes en una ceremonia sencilla y sin ostentaciones. Cuando la mujer está preñada, se casa discretamente, ¿me entendieron?

Ambos respondieron en voz baja. El padre de Andrea, molesto y subiendo el tono de la voz, repitió la pregunta para asegurarse de que hubieran comprendido su única condición. Alberto fue el primero en contestar.

—Sí, suegro. Será como usted mande.

El padre de Andrea miró a su hija, esperando su respuesta, ella se acercó a él y le dijo:

—Yo también deseo una ceremonia sencilla, si fuera por mí no haría ni fiesta.

—No, eso provocaría comentarios maliciosos —afirmó Alberto.

—Yo también lo preferiría, pero Alberto tiene razón —dijo el padre de Andrea.

Un mes después se celebró la ceremonia a la que asistieron algunos amigos. El padre de Andrea, a pesar de las circunstancias, estaba contento. Andrea recordó a su madre, quien murió cuando ella solo tenía seis años, no obstante, le hubiera gustado compartir este momento único en la vida de una mujer con su mamá. Ese mismo día, ella sufrió su primera desilusión, Alberto se negó a irse de luna de miel, aduciendo que tenía mucho trabajo. Pero esta decisión encantó al padre de Andrea. Un mes después, lo ascendió a gerente de venta.

Cuando nació el niño, el padre de Andrea se emocionó mucho, pues siempre quiso tener un hijo varón, pero su esposa se hallaba delicada después del parto. Alberto aprovechó esa predilección de su suegro por el bebé.

—Tengo dudas con el nombre que le pondremos al bebé, hemos elegido varios y no sé por cuál decidirme.

—Sencillo, si fuera mi hijo, le pondría mi nombre, Adalberto. Llámalo como tú:Alberto.

— No, mejor le pondré el suyo: Adalberto.

—No puedo creerlo, ¿me concedes ese honor?

—Con mucho gusto, usted para mí es un padre, ya le conté que perdí a mi papá cuando tenía quince años y a mi madre tres años después. No tengo a nadie, solo los tengo a ustedes.

—Gracias, querido hijo, seremos una gran familia.

Andrea contemplaba la escena indiferente, la actitud de Alberto le parecía estudiada, poco auténtica. No obstante, prefirió tener la fiesta en paz y solo comentó que se alegraba de que su padre se sintiera tan feliz.

—¿Acaso tú no lo estás?

—Sí, papá. Para una mujer es maravilloso tener un hijo y sobre todo, si es con el hombre que ama.

El padre de Andrea notó su tono irónico, pero estaba tan contento que lo pasó por alto.

Dos años después, el padre de Andrea murió de un infarto y Alberto se encargó de las empresas, desempeñando el cargo de gerente general. Andrea nunca se interesó por trabajar con su padre y prefirió transferirle a su esposo esa responsabilidad. A partir de ese momento, Alberto comenzó a maltratarla y a llegar a altas horas de la noche. Aducía que trabajaba mucho, pues tenía nuevas responsabilidades. Meses después de la muerte del suegro, él insistió en cambiar la junta directiva y le solicitó a Andrea que se le transfirieran algunas acciones. Ella era la accionista mayoritaria, con un 75 %, su tía Ana un 20 % y su prima Luisa un 5 %. Andrea conversó con su tía y su prima y ambas coincidieron que era justo que Alberto tuviera acciones en la empresa. Andrea deseaba transferirle la mitad de las suyas, pero su tía se opuso, recomendándole que se quedara con la mayoría, pues un 20 % era más que suficiente. Así, ella seguía siendo la mayor accionista de la empresa de su padre.

—Ahora llevas una buena relación con tu esposo, pero con los años, los hombres maduros, en ocasiones, pierden la cabeza por una jovencita. Recuerda hija, que siempre debes conservar el control de esta empresa que fundó tu padre con tanto sacrificio.

—Alberto me ama y jamás haría algo semejante.

—Cuando tu padre me transfirió el 25 % me dijo que lo hacía para que velara por tus intereses y cuando quise donarle a mi hija la mitad, me dijo que no lo hiciera hasta estar segura de su buen criterio. Tú sabes que tu prima no lo tiene a la hora de escoger pareja. Por esa razón, solo le transferí un cinco por ciento.

—¿Eso qué tiene que ver con Alberto?

—Mucho. Tengo un don especial para prevenir los desastres, hija quédate con la mayoría de las acciones. Hazme caso.

—Está bien tía. Le daré solo el 20 %.

Esa noche, cuando Andrea le notificó su decisión a Alberto, se puso iracundo y la amenazó con dejar la empresa. Andrea no cedió a sus pretensiones, de poseer la mitad de sus acciones. Ella se mantuvo firme y al final Alberto no tuvo más remedio que conformarse. Meses después, ella se enteró de que la contadora de la empresa era su amante y le exigió que la destituyera. Él se negó. Con ayuda de su tía Ana buscaron los mecanismos para obligarla a renunciar, un auditor externo encontró varias anomalías y la tía Ana la puso a escoger entre la renuncia o la cárcel.

Al día siguiente, cuando Alberto leyó la carta de renuncia, llamó a su amante y ella le contó las presiones para obligarla a dejar la empresa. Alberto de inmediato salió de la oficina, hecho una furia, rumbo a su casa y arremetió contra Andrea, quien arreglaba la biblioteca. La empujó contra la pared y le dijo que nunca más se atreviera a desafiarlo.

—Le voy a dar una paliza a la vieja estúpida de tu tía, con una sola patada le quiebro la cadera a esa entrometida.

—Atrévete y te echo a ti también. Te aseguro que si tocas a mi tía, te mando a la cárcel.

Era la primera vez que Andrea se le rebelaba y Alberto vio en sus ojos tal determinación que, suavizando el tono de su voz, le dijo:

—Yo mismo iba a despedir a la auditora, al revisar unos informes, encontré serias anomalías.

—¡Anomalías! Esa mujer estaba robando desde hace años. Por eso te sedujo, para que la encubrieras.

—Tú te dejas llevar por los chismes de mi secretaria, todo lo que te contó es mentira. A esa perra la destituiré.

—Ni lo pienses, ella era la secretaria de papá, está en la empresa desde hace veinticinco años.

—¡Ya es hora de que se jubile esa vieja de mierda!

—Todavía le faltan cinco años y te la aguantas. ¿Te quedó claro?

—Ahora resulta que tú eres la jefa.

—La jefa no, soy la dueña.

Alberto eligió no desafiar a su esposa e intentó volverse a ganar su confianza. Pero la confianza es como una copa de cristal, una vez que se rompe es casi imposible reunir sus fragmentos.

El hijo de Andrea y Alberto creció en un ambiente hostil por parte de su padre, apático por parte de su madre. Desde sus primeros años por comodidad o desidia le dejaron hacer lo que le venía en gana. No había reglas que cumplir y el niño se desarrolló con carencia de lazos familiares, una permisividad manifiesta y sintiendo que sus padres no le prestaban atención. La única persona emocionalmente sana era la tía abuela Ana, pero Alberto prohibió que viera al niño, aduciendo que lo malcriaba.

En los primeros años, los cambios de conducta de Adalberto pasaron inadvertidos para su madre. Pensaba que sus gritos y pataleos, eran propios de los niños que quieren conseguir sus caprichos. No obstante, a medida que creció vinieron los problemas. Llamada de atención de los maestros, sanciones de la dirección y hasta la expulsión de los colegios. Alberto no le daba importancia a la mala conducta de su hijo, afirmando que él había sido peor. Cuando expulsaron a Adalberto del tercer colegio privado y, a pesar de su dinero, no logró que otro colegio privado lo aceptara, se percató de que su hijo tenía graves problemas de conducta. Para castigarlo lo matriculó en el mejor colegio público del país, pues era amigo de la directora de enseñanza secundaria del ministerio de educación. Así fue como Adalberto llegó al colegio público donde estudiaba Jorge.

Ese fue el recuento que Andrea le hizo a la doctora Martínez en su primera cita. Alberto, a pesar de haber prometido asistir, llamó diez minutos antes para excusarse por no llegar a tiempo, aduciendo una reunión importantísima.

—¿Qué es más importante que tu hijo? —le preguntó Andrea.

—Tener los medios para mantenerlos.

Andrea cortó la comunicación sin responderle y le informó a la psicóloga que su esposo estaba retrasado, aunque ella sabía que él no llegaría a la cita. Tenía por costumbre justificar y atenuar el comportamiento de su esposo. Una hora después, Andrea se despidió de la Dra. Martínez, prometiéndole que Adalberto asistiría a la próxima cita.

En esa próxima cita, Adalberto llegó quince minutos tarde; su madre lo llevó casi arrastras. Entró al consultorio de la psicóloga, y a empujones, lo obligó a sentarse.

—Yo no soy tan irresponsable como tu padre. No voy a permitir que te expulsen de una a otra escuela por no recibir la atención psicológica que necesitas para controlar tu ira. Escucha bien, si te echan de esta escuela, te largas de la casa. ¿Te quedó claro?

Andrea estaba molesta con su esposo, esta vez él no dio explicaciones, simplemente le dijo que no iría a la cita y que si ella deseaba obligar a Adalberto, que lo arrastrara.

La psicóloga no intervino, a pesar de que esa no era la actitud correcta, sospechaba que era la primera vez que Andrea se oponía a los caprichos de su hijo. La Dra. Martínez había estudiado el expediente del chico y conocía sus antecedentes.

—Andrea, ¿nos dejas solo por favor?

—Dígame cuándo es la próxima cita, para traerlo, arrastrado si es necesario.

—Será el viernes, atenderé a Adalberto los martes y los viernes.

En la hora de consulta, Adalberto casi no pronunció palabra, disgustado por la actitud de su madre y por las constantes preguntas de la psicóloga. Estuvo a punto de salir del consultorio. Apretaba los puños y respondía con monosílabos. Hasta que la doctora logró romper su resistencia.

—Adalberto, ¿estás consciente de que atacaste a Jorge?

—No lo ataqué.

—¿Cómo le llamas a lo que tú y tus compañeros le hicieron a Jorge?

—Eso fue por diversión.

—¿Llamas diversión a rapar a uno de tus compañeros, al más débil, dicho sea de paso, además, de cortarle el cuero cabelludo y vejarlo?

—¿Vejarlo?

—¿No sabes lo que eso significa?

Adalberto permaneció en silencio y la psicóloga le explicó que cuando humillas a una persona, lo vejas.

—No lo humillamos. Solo lo orinamos —agregó con cinismo.

—¿Te gustaría que te lo hicieran a ti?

—Nadie se atrevería, porque lo mataría con mis propias manos. Además, en el colegio, si no abusas, te abusan. Desde la primera semana aprendí esa lección.

—¡Crees que un joven de trece años deba hablar de matar! Por otra parte, ¿justificas la salvaje agresión que le hicieron a Jorge?

—No me joda.

—Es mejor que me respetes, entiende que de la buena relación que logres conmigo depende tu permanencia en este colegio.

Adalberto no respondió una sola pregunta más, pero como solo faltaban cinco minutos para terminar el tiempo asignado, la Dra. Martínez lo despidió recordándole que la próxima cita sería el viernes.

A pesar de su resistencia inicial, Adalberto acudía dos veces por semana a la consulta con la psicóloga. Los avances fueron lentos y él conservaba su actitud agresiva en el salón. No obstante, no se repitió una agresión similar a la de Jorge. La doctora Martínez se reunió con los profesores y los estudiantes por separado. A los profesores les dio instrucciones para identificar el *bullying* y a los estudiantes para que no fueran cómplices en ningún caso de acoso o violencia escolar.

A medida que avanzó en su terapia, Jorge fue adquiriendo confianza, su madre se encargó en llevarlo al oftalmólogo y le reemplazaron sus anteojos por lentes de contacto. Además, ya tenía más de un mes de estar a dieta, con lo que bajó catorce libras. El cabello le creció, aunque todavía lo tenía excesivamente corto. Naty lo acompañó a comprar ropa y aquellos primeros días ese cambio de imagen fue motivo de nuevas burlas. Le decían el modelo, mañeco y otras ofensas, pero Jorge estaba tan contento con su cambio que no les hacía caso. Una mañana en que los acosadores lo rodeaban para burlarse, Naty no había asistido a clase y fue Daniela quien lo defendió.

—¡Son unos idiotas y envidiosos! Jorge, no les hagas caso. Estás guapísimo.

Jorge no daba crédito a lo que escuchaba. Que la chica más bella de su salón le dijera guapo era algo para lo que no estaba preparado. Primero pensó que Daniela se unía a las burlas, pero ella avanzó resuelta y rompió el cerco, luego lo tomó de la mano y lo condujo al umbral de la puerta con la esperanza de que llegara la profesora.

Efectivamente, la profesora Julia entró al salón y preguntó qué sucedía.

—Esos maleantes estaban molestando a Jorge —dijo Daniela.

En ese momento la profesora reparó en Jorge.

—Casi no te reconozco, muchacho. Pero, ¡qué cambiado estás, te ves bien!

—Profesora, es que a Jorge lo van a contratar de modelo —dijo Julio mientras

Adalberto y Miguel se reían a carcajadas.

—No les hagas caso Jorge, te ves bien —reiteró la profesora—. Ahora, todos a sus puestos, el que quiera hacerse el gracioso que salga de salón, no tenemos tiempo para los payasos.

Los agresores se sentaron en sus respectivos puestos, mientras sus compañeros sonreían complacidos. Era la primera vez que, en lugar de burlarse, fueron ellos los burlados.

Al día siguiente, Jorge le comentó el incidente a Naty y le repitió varias veces que Daniela le había dicho guapo. Ella se alegró, Jorge no tenía amigos y Daniela sería de gran ayuda para que él recobrara la autoestima. Posteriormente, Khaled se acercó y le dijo a Jorge que deseaba ser su amigo. Le contó que desde el momento en que no quiso participar en su agresión, lo estaban persiguiendo. No lo golpearon de nuevo por miedo a las sanciones, pero que lo insultaban a cada rato.

A Khaled también los acosadores lo consideraban diferente, pues era árabe. Le llamaban «Osama Bin Laden», o terrorista, entre otros insultos. A Naty le gustaba Khaled, su porte elegante, como un príncipe del Medio Oriente, sus profundos ojos negros, enmarcados por unas pobladas cejas del mismo color, su sonrisa enigmática y la expresión afable de su semblante la conquistaron desde el primer día del inicio de clases.

A Khaled también le gustaba Naty, sobre todo ahora que no estaba tan delgada. Por otra parte, la admiraba porque cuando nadie se opuso a los ataques contra Jorge, ella fue la única con el suficiente valor para hacerlo. Él también lo hubiera hecho, sin embargo, su madre le recomendaba todas las mañanas cuando salía para el colegio que evitara los problemas. En un inicio, Khaled se unió a las burlas de los acosadores, como quien compra protección. Sin embargo, cuando presenció el ataque a Jorge, no solo se opuso, sino que declaró en contra de los agresores. Ahora que él era el objeto del acoso de sus compañeros, comprendía el error de mantenerse al margen cuando otra persona es humillada o agredida.

Los padres de Khaled, cuando inmigraron a Panamá, buscaron un colegio cerca de su residencia. En las mañanas, cuando Khaled iba para el colegio, se preguntaba: ¿qué me harán hoy? ¿Cuándo se terminará este abuso? Le daba miedo pensar que podían golpearlo como a Jorge.

El día anterior, cuando regresaba a su casa, Julio, que ahora era el jefe de los acosadores, le tiró un sapo muerto. Él retrocedió espantado y se cayó. Adalberto, quien se mantenía pasivo, pues estaba en la mira del director, se ahogaba de la risa. En ese momento, llegaron Naty, Jorge y Daniela y lo rescataron. Naty furiosa, los golpeó con su paraguas. Daniela la imitó, golpeándolos con su mochila, Jorge permaneció impávido. No obstante, fue la primera vez que no sintió miedo. Los agresores salieron corriendo cuando observaron que la profesora Julia se acercaba al grupo.

# CAPÍTULO 6

Julia Jiménez tenía experiencia en acoso escolar, su única hija, Rosario, lo sufrió durante tres años. Fueron momentos terribles, su esposo, por motivos de trabajo, viajaba constantemente y su hija le ocultó el acoso que le infringían unas compañeras de clase. Ella cursaba el cuarto año de secundaria en un colegio privado donde su madre impartía la materia de Español. El acoso inició con insultos y burlas, debido al sobrepeso de Rosario. No obstante, ella no tomaba en cuenta esas ofensas. El último año de secundaria, el acoso se incrementó. Una de sus compañeras, perteneciente al grupo de «Las Magníficas», una especie de pandilla de chicas mal portadas, la siguió hasta el baño y la filmó cuando ella se cambiaba para la clase de Educación Física. El video fue subido a las redes sociales con una reseña y un título ofensivo: Cerda desnuda, y rápidamente se propagó en las redes sociales.

Estudios recientes apuntan a que el porcentaje de *bullies* ha aumentado consistentemente entre las niñas. La tecnología y las redes sociales potencian los riesgos sobre las víctimas del acoso escolar, pues lo que antes se reducía al ámbito del patio de la escuela, actualmente se multiplica de una manera difícil de controlar. Se denominan el ciberacoso y utilizan las tecnologías para acosar a las víctimas a través de portales de Internet, como YouTube, Facebook, Twitter o mensajes de texto en los teléfonos celulares. En el pasado las agresiones se limitaban a un pequeño círculo víctima-victimario— espectadores, pero ahora se globaliza y se expande rápidamente a través de las redes sociales.

El ciberacoso no es violencia directa, visible. El ámbito de la red hace que sea mucho más complicado para padres y docentes encontrar un límite entre lo que procede de la escuela o del exterior. Cuando el *bullying* se practica dentro del colegio es mucho más fácil de controlarlo estableciendo reglas, sanciones y métodos de vigilancia.

Las burlas que desató el vídeo de Rosario entre sus compañeros de clase fueron insoportables para una adolescente con complejos e inseguridades. La difusión del incidente en las redes sociales desencadenó el acoso moral de sus compañeros, que la hostigaron durante meses. Rosario sufrió una crisis nerviosa y fue llevada a la enfermería, la consejera llamó a Julia para que condujese a su hija al médico. Fue entonces cuando Rosario le contó a su madre acerca del acoso de sus compañeras. A pesar de que la chica recibió tratamiento psiquiátrico, no lograba superar la depresión.

Una noche, cuando Julia regresaba del supermercado, encontró a su hija inconsciente, tras ingerir treinta pastillas para dormir. Julia estaba conmocionada y daba gritos pidiendo ayuda. La vecina acudió y llamó a una ambulancia. Rosario estuvo internada un mes y perdió ese año escolar. Cuando se recuperó de la depresión, Felipe, su padre, la envió a Buenos Aires, donde su hermana para que terminara la secundaria. Julia sufrió mucho la separación de su única hija. Esto motivó fuertes discusiones en la pareja, debido a que Felipe tomó la decisión unilateralmente. Seis meses después se separaron.

A las chicas agresoras no se les sancionó. Por esa razón, Julia concursó para una vacante en un colegio público. Ni siquiera se despidió del director y de sus compañeros profesores, pues ellos nunca la apoyaron y prefirieron mirar hacia otra parte para evitar problemas con los padres de las llamadas: «Magníficas». A partir de ese momento, Julia se convirtió en una experta en *bullying* y se prometió no permitir el acoso ni la violencia escolar.

Después de ese hecho lamentable, Julia —con la ayuda de un amigo abogado— presentaron una iniciativa legislativa para reformar el Código Penal y castigar el acoso o difamación en las redes sociales, por Internet, celulares o cualquier otro medio. Incluso aquellos casos en los que se transmita información o imágenes que la persona afectada no haya autorizado, para que puedan ser tipificados como un delito y sancionados de forma contundente. Sin embargo, esta iniciativa ciudadana no contó con el apoyo de los diputados, enfrascados en otro tipo de polémicas, y fue archivada.

Rosario superó el problema después de años de terapia. Sin embargo, no quiso regresar a su país y se matriculó en la Universidad CAECE en Buenos Aires. Años atrás ella había manifestado su deseo de estudiar Derecho, pero después eligió Psicóloga Clínica. Julia estaba segura de que ese cambió se debió a la nefasta experiencia con el *bullying*.

A Julia le costó adaptarse al colegio público. Después de trabajar por quince años en un prestigioso colegio particular, que contaba con todos los recursos disponibles, no era fácil aceptar las limitaciones económicas del nuevo plantel. No obstante, fue creativa y solventó esas carencias, buscando patrocinadores. Ella, que por muchos años se relacionó con personas acaudaladas, tocó puertas y solicitó la ayuda que necesitaba para que a los estudiantes no les faltara lo indispensable. Incluso, consiguió libros para que la biblioteca del colegio funcionara adecuadamente.

Después de la separación de su esposo, Julia tuvo varios pretendientes; sin embargo, no deseaba involucrarse con nadie. El ejemplo se lo había dado su madre, quien enviudó cuando ella solo tenía dos años y nunca más se casó, repitiendo una y otra vez que no le impondría un padrastro, pues nadie llenaría el espacio de su padre. Además, amaba a Felipe, quien mantenía su soltería y ella albergaba la esperanza de que se reconciliaran.

Rosario los invitó a que pasaran la Navidad con ella y en una conversación le dijo a su madre.

—Fui la culpable de que ustedes se separaran.

—Tú no tuviste la culpa de nada, fuiste víctima —la interrumpió Julia.

—Déjame terminar, mami. Escucha, así como mi problema los separó a ustedes, ahora me he empeñado en unirlos.

—No, hija, déjalo así. Tal vez tu papá ya no me quiere.

—Te equivocas, cuando lo invité se lo pregunté.

Rosario hizo intencionalmente una pausa para medir el grado de interés de su madre.

—¿Y qué te dijo? —fue la pregunta, impaciente.

—¡Que siempre te amará, porque eres la mujer de su vida! Tú sabes que papá es el hombre más cursi del mundo.

—Sí, y por eso lo amo. Es que somos de la vieja onda.

—No te había contado que bajé de peso. Pero es mejor que lo sepas, no vaya a ser que no me reconozcas.

—Nunca has querido enviarme fotos.

—Ya superé ese trauma.

—¿Se puede saber cuántas libras has rebajado?

—Estoy en línea. Bajé todo el sobrepeso en estos dos años.

—Pero, ¿y cuánto pesas?

—Nada más y nada menos que 122 libras.

—¡No puedo creerlo! De 194 a 122 hay una gran distancia.

—Enorme, mami. Soy otra persona y, modestia aparte, me siento bella.

Julia y Felipe pasaron la Navidad de ese año con Rosario. Fueron dos semanas maravillosas para la pareja, como una segunda luna de miel. Si el problema de su hija los separó, su recuperación lograba unirlos. Julia nunca se imaginó que Rosario se hubiera transformado en una mujer hermosa. No solo estaba a dieta, sino que cuidaba mucho su apariencia. Parecía una modelo parisina. Colateral a sus estudios incursionó en la Escuela de Bellas Artes y tomó varias clases de actuación.

Esa misma semana se presentaba una obra de teatro donde Rosario era la protagonista. Tanto Felipe como Julia se sintieron orgullosos de su hija. ¡Quién les iba a decir que esa chica gorda y acomplejada se convertiría en una mujer bella y talentosa!

El día de la despedida, Rosario les prometió a sus padres que el año siguiente viajaría a Panamá. Se sentía con fuerzas para enfrentar ese pasado de oprobios y burlas. Julia estaba feliz: su hija recuperada y su esposo que regresaba al hogar que nunca debió abandonar. Durante el viaje de regreso, Felipe le pidió perdón.

—Te perdoné desde el primer día. Sé que fue difícil para ambos separarnos de nuestra única hija, pero ahora que la veo totalmente recuperada, estoy convencida de que fue una buena decisión. Perdóname a mí por no comprenderlo en ese momento.

—Amor, no tengo nada que perdonarte. Eres una mujer maravillosa, única.

Lo primero que hizo Felipe al regresar fue pedirle a su hermano, el arquitecto, que remodelara la casa. Además, le cambió el auto a Julia por una camioneta todoterreno, a pesar de que ella le decía que no eran necesarios tantos cambios puestos, que se sentía bien en su casa tal y como estaba y con su carro de siempre.

—A mí me hace feliz rodearte de comodidades. No aceptaré un no por respuesta. Me sentiría despreciado.

—Está bien, acepto con tal de ver esa sonrisa en tus labios.

La felicidad que sentía Julia eclipsó el recuerdo del acoso que sufrió Rosario. No fue hasta que se enfrentó a las agresiones hacia Jorge que ese recuerdo emergió con fuerza, haciéndola sufrir como si estuviera pasando en ese momento.

Esa mañana Julia tenía la primera hora libre y fue al despacho del director para enterarse de los procesos en contra de los agresores de Jorge. El director resumió los avances y le comentó que aunque en un inicio todos se negaron a recibir terapia, esa fue una condición imprescindible para permanecer en el colegio. Incluso, los padres de Julio y Miguel estaban reuniéndose con la psicóloga. En el caso de Adalberto, solo su madre acudía a las citas, pues su padre se resistía, aduciendo que no le importaba si expulsaban a su hijo. El director aceptó su inasistencia, cuando vio la desesperación de la madre de Adalberto, suplicándole que no lo expulsara. De inmediato se percató de que ella y su hijo eran víctimas de violencia doméstica.

Los resultados de la medición a nivel nacional de los casos de acoso y violencia escolar fueron contundentes y señalaron la urgencia de que todo plantel, público o privado, tuviera un programa bien estructurado para prevenir los acosos y detectar perfiles que pudiesen poner a un estudiante en riesgo de ser victimizado. En cuanto a los agresores, es igualmente alarmante la clara conexión entre el *bullying* y la deserción escolar, teniendo el desertor una altísima probabilidad de pisar la cárcel antes de los veinticuatro años si no se tomasen las medidas pertinentes. De no corregirse a tiempo la conducta, estos jóvenes casi siempre trasladan ese patrón de agresión al noviazgo o a las relaciones maritales, y no es raro que se traduzca en acoso sexual, laboral, abuso infantil, u otras formas de violencia. No hay que cruzarse de brazos y dejarlos que pasen de acosadores a delincuentes.

El director le preguntó a Julia por qué razón este caso en particular la perturbaba. Ella le contó el caso de su hija, a la que incluso casi le cuesta la vida el acoso.

—Increíble, profesora Jiménez, pero estamos comprobando cómo un caso de *bullying* pueda orillar a un adolescente al suicidio.

—Así es, señor director. Además, el conflicto ocasionó la separación con mi esposo, cuando él decidió unilateralmente enviar a nuestra hija al extranjero.

—Me imagino que su hija se recuperó. ¿No es así?

—Sí, después de dos largos años.

—¿Y su esposo? ¿Acaso se divorciaron?

—Nos separamos, pero pudimos superar esa crisis y ahora estamos juntos nuevamente.

—Como en las buenas novelas, el amor triunfó.

—Ahora sabe por qué este caso en particular me afectó tanto.

—Sí, profesora. Usted será de gran ayuda para combatir el *bullying*. En el Consejo Disciplinario crearemos un comité contra esa práctica nefasta y quiero que lo presida.

—Con mucho gusto, señor director. No obstante, preferiría cambiar el término de *bullying*, que se refiere en primera instancia a la violencia física, que tiene menos incidencia y es menos lesiva. He estudiado mucho este tema y sé de lo que le estoy hablando. Debemos estar atentos para evitar que el acoso se dé. También debemos hacer un estudio y medir los niveles de acoso y violencia escolar para enfrentarlos.

Julia le sugirió al director que el Comité combatiera no solo el acoso, llamado comúnmente *bullying*, sino también la violencia escolar.

—El *bullying* es un ataque repetitivo. No obstante, ¿cuántas veces se necesita agredir a un estudiante para que actuemos? Una sola vez. Si enfrentamos la violencia escolar desde sus inicios, minimizaremos el *bullying*. Un niño no tiene que ser acosado o atacado varias veces para que nosotros intervengamos. ¿No es así?

—Tiene razón, profesora. El Comité combatirá el acoso y la violencia escolar.

Julia, el profesor de Matemática y la profesora de Orientación Profesional, conformaron dicho Comité; por sugerencia del director, incluyeron a tres estudiantes. A la hora de consejería se ofrecían charlas para que los educandos identificaran el problema y lo reportaran a sus respectivos consejeros. También nombraron una subcomisión que se encargaría de hacer una medición de los casos de acoso o manifestaciones de violencia. Una vez detectadas las víctimas, se les brindaban medidas de protección y la atención psicológica pertinente. El objetivo primordial del Comité era combatir el acoso y la violencia escolar desde sus primeras manifestaciones. La mayoría de los estudiantes eran espectadores cómplices, que no solo no reportaban el abuso, sino que lo incentivaban celebrando las burlas de los agresores.

—La mejor forma de enfrentar el flagelo del acoso y la violencia escolar es la prevención. Solo así podremos dar pasos seguros y firmes para reducir y eliminar gradualmente aspectos de violencia, como el *bullying* en las escuelas—repetía Julia una y otra vez.

El Comité contra el Acoso Escolar promovió acciones para disminuir la violencia. La campaña contra el *bullying* buscaba que los estudiantes no dudaran en solicitar ayuda y denunciaran todo comportamiento de acoso al Comité de cada colegio. Una de las partes fundamentales de esta campaña anti*bullying* era buscar que los niños aprendieran que el acoso escolar puede manifestarse de distintas maneras, todas perjudiciales para el afectado: pérdida de confianza en sí mismo y en los demás, traumas físicos y anímicos, ansiedad, ausentismo en la escuela, dificultades de aprendizaje.

En la campaña contra el *bullying*, el grupo de estudiantes y profesores escogió una comisión presidida por Jorge para que confeccionara cartelones con mensajes que promovieran sus objetivos. Los alumnos desarrollaron su creatividad con diversos mensajes, los cuales estaban escritos con letras grandes: No al acoso y a la violencia escolar; Escoge ser amable; No te quedes callado; No apoyes al abusador; Di basta ya cuando un compañero es hostigado.

El ministerio de educación confeccionó un Protocolo de Prevención, Detección e Intervención respecto al maltrato físico, psicológico o social en los centros educativos de todo el país, cuyo objetivo se enfocaba en la proposición, promulgación y aplicación, en forma urgente, de medidas de detección, prevención e intervención respecto al acoso y a la violencia en los centros educativos de todo el país. Asimismo, se proponía controlar su aplicación y establecer las sanciones correspondientes en caso de incumplimiento.

La intimidación a través de la agresión verbal y física, mejor conocida como *bullying*, estaba presente en el país, de acuerdo con los resultados de una investigación realizada por el Centro de Estudio y Acción Social Panameña (CEASPA) denominado: Estudio de patrones de convivencia escolar en Panamá, desarrollada entre el 2011 y el 2012 y tomó como marco de referencia a 2,000 estudiantes de 23 centros educativos de Colón, Chiriquí, Panamá Centro, Oeste y Este, desde el nivel primario hasta el nivel medio. Según el informe, los primeros rasgos de la práctica del *bullying* se registraban en el nivel primario, con ataques verbales y psicológicos. Este tipo de agresión la practicaban el 68.9 % niños y el 31.1 % de las niñas en la primaria. A medida que aumentaba el grado de escolaridad, en las damas se presentaban más agresiones verbales, como insultos y desprecios, que iban del 31.1 % en la primaria al 37 % en promedio y el 41.4 % en la media.

En la provincia de Chiriquí, comparada con las otras áreas (Panamá y Colón), se mantenía un índice de más de 1,500 casos de jóvenes agredidos. El estudio realizado era una muestra de lo que realmente sucedía en los centros educativos del país.

Estos actos violentos empezaban dentro de las aulas y eran llevados a las afueras de los planteles educativos. Los resultados presentados en Panamá eran preocupantes, pues el país se ubicaba dentro de un promedio medio çno de la escuela. Esta vez la respuesta la dio la socióloga del ministerio de educación.

—Cuando lo consideramos «norma» nos ponemos

de parte de los acosadores. Por otro lado, las estrategias de intervención para la prevención de la violencia deben plantearse en tres niveles: familiar, educativo y social. No obstante, los datos del estudio enfatizan la necesidad de llevar a cabo intervenciones en ámbitos educativos, ya que han demostrado ser eficaces para la prevención de la violencia. Por consiguiente, se sugiere realizar intervenciones escolares sistematizadas que fomenten la tolerancia, la empatía y el respeto a los derechos humanos.

Antes de terminar su intervención, la funcionaria del ministerio de educación advirtió que existían informes que revelaban que los profesores y padres de familia son los últimos en enterarse del problema. Esto hace que se incremente la invisibilidad, siendo difícil prevenir y mucho más complejo delinear estrategias para tratarlo. Uno de los principales desafíos para los docentes y padres es distinguir este problema, definirlo y entender sus implicaciones.

—Ante reiterados hechos de violencia, el 60 % de los niños se calla y el resto se lo comunica a sus amigos, después a los padres y finalmente al docente. Para minimizar este grave problema es importante que los adultos responsables, padres y docentes, asuman que el problema existe, que es más frecuente de lo que parece, que tengan conciencia de su importancia y de las consecuencias graves que acarrea y que la intervención debe ser inmediata, ya que las situaciones de acoso y violencia escolar no se detienen, sino que crecen en forma impredecible.

La funcionaria hizo una pausa, estaba cansada, pues la jornada resultaba extenuante. No obstante, continuó.

—La causa cada vez más frecuente de que se registren casos de suicidio entre niños y adolescente es el tema del *bullying*, por lo tanto, hay que empezar a trabajar de manera coordinada y eficaz con el ministerio de educación, directores y docentes de los colegios y los diversos sectores de la sociedad, a fin de evitar esta práctica.

La profesora Julia afirmó que se requería un trabajo integral.

—En el colegio podemos controlar un rato al niño, pero si el mal lo trae de un hogar afectado por la violencia, que lamentablemente así es, como señaló un colega, se nos complica la situación. Si investigamos a fondo la situación familiar del agresor, muchas veces encontramos un hogar disgregado donde no hay padres o falta uno de ellos, y son evidentes las carencias afectivas. Por eso el ministerio de educación está trabajando para que, unidos, sociedad, gobierno y los docentes, atendamos a estos niños víctimas y agresores que requieren de orientación psicológica.

A pesar de las medidas contra el acoso escolar, en un paseo programado por el colegio al Anfiteatro de la Cinta costera, el profesor de Matemática fue testigo de una agresión contra Khaled.

El Mirador del Pacífico, Fase 3 de la Cinta Costera, es también conocido como el Rompeolas Turístico. La instalación cuenta con áreas de esparcimiento: restaurantes, canchas de tenis y juegos para niños. Además, tiene cinco parques recreativos, una ciclovía, fuentes y espejos de agua, áreas verdes con árboles, plantas tropicales y el monumento al primer europeo que divisó el mar del Sur desde las costas panameñas: Vasco Núñez de Balboa. Desde el mirador se contempla una amplia panorámica del histórico barrio de San Felipe.

Desde que inició el trayecto, Josué comenzó a molestar a Khaled. El profesor de Matemática venía escuchando música en su *iPod.* A pesar de ser miembro del Comité contra el Abuso y la Violencia Escolar, el profesor no dimensionaba el problema del *bullying.* Para él eran simples peleas de muchachos. En varias ocasiones, manifestó que en todos los tiempos los chicos se disputaban, a los puños, el control y la jerarquía sobre sus compañeros. Incluso, contó una anécdota de su época de estudiante, donde a puño y patada se hizo respetar y evitó que volvieran a molestarlo. Una colega lo interrumpió y le pidió que nunca les contara ese incidente a sus alumnos, pues era una incitación a la violencia.

El director del colegio fue quien le solicitó que ingresara al comité contra *bullying*, ya que él, por su carácter festivo, tenía mucha influencia entre los estudiantes. Siempre estaba rodeado de jóvenes, pero no los reprendía por su conducta. Los demás profesores comentaban que no tenía autoridad sobre los estudiantes, pues se comportaba como uno de ellos. El director pensaba que su propósito con esa actitud era ganar popularidad.

Cuando ya regresaban del paseo, el último en subir al bus fue Khaled, pues se entretuvo comprando un monedero para su madre. Al subir, fue empujado por Josué, quien lo venía acosando desde hacía más de un mes. En ese preciso momento, el conductor arrancó el bus y Khaled cayó de espalda. El profesor de Matemática se encontraba amonestando a un estudiante que golpeaba a una niña con su mochila cuando escuchó el grito de Naty, advirtiéndole al conductor lo que ocurría a su compañero. El profesor acudió a ayudar a Khaled, quien yacía inconsciente sobre un charco de sangre. Por suerte, para ellos, en ese instante pasaba una ambulancia del 911 que venía de dejar a un paciente en un hospital cercano. El profesor la detuvo y el herido fue conducido al Hospital del Niño. El educador sabía que era de suma importancia atender a Khaled de inmediato. Mientras llegaban al centro médico localizó a la madre de su estudiante, quien no tardó el llegar.

Minutos después, el neurocirujano conversó con la señora y con el profesor. Necesitaba su autorización para una cirugía por fractura de cráneo, la que recibió de inmediato. La lesión era grave y el estado de Khaled se calificaba como de pronóstico reservado. La cirugía demoró siete horas, el médico expresó luego que el paciente se encontraba grave y que debían esperar setenta y dos horas para ver la reacción.

El director llegó al hospital acompañado por la profesora Julia, ambos consternados por el incidente. Julia pensó que el agresor era Adalberto, pero el profesor de Matemática aclaró.

—Esta vez no fue Adalberto. Fue Josué, recuerden que hace meses él fue agredido por el grupo de Adalberto, ahora pasó de víctima a agresor. Como Adalberto perdió su liderazgo entre los chicos malos, ahora Josué se disputa esa posición con Julio. Habían entrado en una competencia de agresiones en contra de los más débiles.

Cuando el padre de Josué se dio cuenta de que su hijo era abusado por sus compañeros, ordenó a su guardaespaldas que le impartiera clases de defensa personal. El individuo tenía antecedentes penales y no dudó en realizar su entrenamiento enfocándolo en el mayor daño posible al oponente.

El hospital reportó la agresión infligida al paciente y pronto dos miembros de la Policía de la Niñez llegaron para interrogar al profesor de Matemática. Él les dio el nombre y la dirección de Josué. El padre de Josué contrató los servicios de un abogado, quien en pocos días se encargó de demostrar que el chico de trece años era inimputable ante el delito del que se le acusaba.

El profesor Ulises estaba preocupado. Como director del mejor colegio público del país veía cómo se afectaba la imagen del plantel y sus posibilidades de mantenerse en u sitial con dos escandalosos casos de *bullying*. Las lesiones de Khaled lo mantenían al borde de la muerte.

# CAPÍTULO 7

Naty y Fernanda también llegaron al hospital y, cuando esta última se retiraba, Ulises Solís la contempló hasta que dobló el pasillo. Ella le recordaba a su esposa fallecida.

Su mujer, María Eugenia Linares, fue una mujer hermosa. Esbelta, delgada, de largos cabellos negros y ojos verdes, almendrados, que realzaban la serena belleza de su rostro. No obstante, se vestía de manera sencilla como si se empeñara en ocultar sus atributos. Ulises la conoció en una cena de beneficencia que daba el padre de María Eugenia, uno de los políticos más destacados del país. Cortejarla le costó mucho trabajo, pues su padre estaba empeñado en casar a su hija con un acaudalado político fundador del partido en el cual él militaba desde hacía años. Por esa razón, se opuso fervientemente a que la pareja formalizara su relación.

Tras varios años de la muerte de su esposa, Ulises guardaba en su memoria sus últimas palabras, pidiéndole que rehiciera su vida con una mujer que lo amara. Reiteró que no deseaba que se quedara solo, después de sufrir tanto por defender ese amor inmenso que ambos se profesaban. María Eugenia, en ese momento, disculpaba a su padre, diciendo que tenía el alma envenenada por el abandono de su mujer. Ella le había contado a Ulises que su madre, una mujer bellísima, coqueta y sensual, los abandonó cuando ella tenía doce años. Meses después, se supo que mantenía relaciones con un copartidario de su esposo con más poder y dinero. A partir de ese día, el padre de María Eugenia procuró ocultar la belleza de su hija. El hecho de que su hija se casara y se fuera de su casa, era como repetir la aciaga historia.

Ulises era un hombre con carácter y valentía que no estaba dispuesto a renunciar a María Eugenia por los caprichos del padre. En vista de que este cerraba cada vez más el cerco para que la pareja no se viera, María Eugenia no tuvo más remedio que fugarse de su casa. Ambos tenían su documentación en orden y se casaron esa misma tarde. De inmediato, Ulises fue a la oficina de su suegro para darle la noticia, pero prefirió que María Eugenia no lo acompañara, dado que temía por ella.

El secretario le impidió a Ulises la entrada a la oficina de Justo Linares. Incluso llamó a la seguridad, debido a la insistencia de él de pasar al despacho de su suegro.

—Dígale al señor Linares que su hija y yo nos acabamos de casar. Si no me quiere recibir, me da igual, pero he venido personalmente para que no crea que soy un cobarde.

En ese preciso momento, Justo Linares salió de su despacho y al escuchar la revelación, se quedó paralizado en el umbral de la puerta.

—Debería mandarte a matar, cabrón de mierda. ¿Cómo te atreviste a casarte con mi hija sin mi consentimiento?

—María Eugenia es mayor de edad. No necesitamos su consentimiento.

—Te vas a arrepentir y dile a la ingrata de mi hija que no la quiero volver a ver nunca más, es una meretriz como su madre que prefirió irse con un tipo como tú, a quedarse conmigo, que he vivido únicamente por ella.

Ulises nunca le contó a su esposa la conversación que mantuvo con su suegro, y cometió un error al no hacerlo. Una semana después, ella fue a la oficina de su padre. Este la recibió con tantos improperios que a María

Eugenia se afectó mucho, sufriendo una crisis nerviosa. Él ordenó a la seguridad que la tirara a la calle como si de una intrusa se tratase. La secretaria de la empresa, que conocía a María Eugenia desde niña, no lo permitió y dijo que ella la llevaría a su casa. En pocos minutos, la joven se recuperó y le pidió que no lo hiciera, pues su padre era capaz de despedirla. Abandonó la oficina para no regresar jamás. Ese día comprendió el por qué su madre se había ido de la casa, pero no le perdonaba que la hubiera dejado sola para enfrentarse con ese monstruo.

Ahora la vida compensaba a María Eugenia, con un buen hombre como esposo que la amaba intensamente. Pero a veces la felicidad es empañada por la fatalidad. Una tarde, mientras hacía unas compras en el supermercado, María Eugenia se desmayó. Le avisaron a su esposo. Ella le dijo que fueran a la casa, pues solo necesitaba un descanso, pero él insistió en llevarla al hospital. La recibió el médico de urgencia y de inmediato solicitó interconsulta con un cardiólogo. Los exámenes revelaron una seria deficiencia cardiaca.

Durante los dos primeros años de matrimonio, su padre los persiguió, haciéndoles un cerco de hambre. Utilizó todas sus influencias para lograr que despidieran a Ulises, quien era director de uno de los colegios privados más prestigioso. El dueño de la mayoría de las acciones era el padrino de María Eugenia. Su padre le pidió que despidiera a Ulises sin cartas de recomendación. Pero esas influencias, de las que tanto se jactaba Justo Linares, no le sirvieron en ministerio de educación, dado que en ese tiempo gobernaba un partido opositor a sus intereses.

Ulises concursó para director de un colegio público y obtuvo el mayor puntaje. Solo estuvo dos meses sin trabajo. No obstante, a María Eugenia el estrés la fue enfermando. Su corazón no resistió la presión y se fue consumiendo como un candil que se apaga. Dos meses después, murió rodeada de los cuidados, el amor y la profunda tristeza de su esposo.

Ulises no logró recuperarse del todo el dolor que sentía por la muerte de su esposa, quien era su única compañía. Siempre quiso tener hijos, sin embargo, su esposa prefirió esperar unos años, afirmando que primero debían consolidarse como pareja. Como ella era hija única, no le daba mucha importancia a la familia con hijos. No obstante, Ulises tenía dos hermanos y una hermana, todos casados y con familias. Inconscientemente, fue distanciándose de ellos y, cuando estaban en reuniones familiares, se sentía más solo que nunca. Se fue aislando hasta quedar en completa soledad. Para él, su trabajo era su único aliciente. Por esa razón, se quedaba en el colegio no solo la doble jornada, sino hasta las siete de la noche. A esa hora llegaba a su casa, se preparaba una cena ligera y se acostaba a leer. Siempre el libro en la cabecera de su cama fue el fiel compañero.

De la muerte de María Eugenia hacían ya varios años; pero Ulises no se decidía a salir con ninguna otra mujer. Una de sus hermanas, preocupada al verlo así, lo invitó a cenar y llevó a su mejor amiga que estaba soltera. Ulises lo interpretó como una encerrona y se retiró al poco rato. Después de María Eugenia, ninguna mujer llamaba su atención. Hasta que conoció a Fernanda, la madre de Naty.

No sabía si era su deseo de protección al verla sola con una hija que confrontaba problemas o era por su atractivo. A las reuniones que ella asistía, todas las miradas la seguían: porte elegante, alta y esbelta silueta, gran seguridad, como si al desplazarse por un lugar de inmediato tomara posesión de él. Poseía una bella sonrisa en su enigmático rostro y una actitud afectuosa para todas las personas.

Recordó que el día que la conoció, ella llegó a su despacho a justificar las ausencias de su hija. Entró a su oficina, presurosa y agitada, y de sopetón le dijo:

—Mi hija ha faltado a clases porque está enferma. Creo que perderá el año, pero quiero que cuando se recupere, conserve el cupo en este colegio.

—¿Qué tiene Natalia?

—Anorexia nerviosa. Está grave, lleva un mes hospitalizada.

—En ese caso no se preocupe, señora Fernanda. Lo primero es la salud de su hija. Los estudios pueden esperar.

Al año siguiente, Fernanda matriculó a su hija, que ya estaba recuperada; sin embargo, le pidió al director que los profesores estuvieran pendientes y si ella solicitaba muchos permisos para ir al baño, le avisaran de inmediato. Fernanda también habló con dos de sus mejores amigas para que estuvieran alertas a cualquier cambio de conducta de Naty. Actualmente, Naty se comportaba de manera normal y se había recuperado de su grave enfermedad.

Una tarde, mientras Naty esperaba a su madre, el director le preguntó por su padre.

—Mi padre murió seis meses antes de que me hospitalizaran.

—Lo siento mucho, Naty. Perdona, no lo sabía.

—Tranquilo, director. No se lo he dicho a nadie, no me gusta inspirar lástima.

—No es lástima lo que siento.

—¿No?

—No. Más bien es compasión.

—¿Y no es lo mismo?

—No, la lástima la inspira el miedo a que nos pase algo similar. La compasión la inspira el amor al prójimo y el deseo de consolarlo en su dolor.

—Me encanta su manera de explicar las cosas, pues hace que los conceptos complicados se simplifiquen. Me gusta su estilo —dijo la chica, mientras se despedía y caminaba rumbo al auto de su madre, quien la esperaba en los estacionamientos.

En la entrada principal del colegio, el director vio que Fernanda bajaba de su automóvil para saludarlo y se le acercó. En varias ocasiones habían coincidido cuando ella recogía a su hija. Lo que no sabía Fernanda era que el director calculaba su hora de llegada para verla. Ella le tendió la mano y él se la estrechó cálidamente, la miró a los ojos, mientras, ella sonreía con ese encanto que la caracterizaba. «No me costaría mucho enamorarme de una mujer así», pensó Ulises. Pero enseguida movió la cabeza, desechando la idea. Se imaginaba que ella tendría muchos pretendientes más interesantes que él.

Por su parte, Fernanda, admiraba a Ulises, un hombre honesto, caballeroso, gentil y atractivo. En ese momento, recordó que era viudo como ella.

—Señor director, como me gradué en Estados Unidos, celebro el día de Acción de Gracias. Dentro de poco tendremos una cena en casa, que planeamos Naty y yo, pero ¿le gustaría acompañarnos?

A Ulises le sorprendió la invitación. Buscó a Naty con la vista, pero ella estaba ya dentro del automóvil. Entonces se apresuró a contestar que asistiría con mucho gusto. Fernanda le entregó una tarjeta con la dirección.

—¿A la siete de la noche le parece bien, señor director?

—Me parece bien, y dado que celebraremos Acción

de Gracias, juntos, creo que es preciso que me llames Ulises, por favor.

La sonrisa franca de Fernanda le hizo palpitar el corazón más rápido al docente.

—Me parece justo, Ulises. A la siete.

—Soy puntual, Fernanda. Estaré a esa hora.

Cuando Naty supo lo de la invitación, se sorprendió.

—¿Por qué lo invitaste? ¡No es tu amigo!

—Hija, piensa. Supe que hace más de un año murió su esposa y que no tiene hijos, debe sentirse muy solo.

—Sí, lo sé. Pero, mami, ¿no será que el director te gusta?

—¡Naty! ¡Qué ideas se te ocurren! Invito al director de tu escuela a una cena formal, y ya lo tomas, por otro lado.

—Tranquila. Y si te interesa saberlo, no me molestaría para nada que se hicieran novios. Él me cae bien.

Riendo, la muchacha se fue a su cuarto, dejando a la madre con la boca abierta, sin dar con las palabras precisas con las que contestarle a su hija. O quizás sintiéndose como una niña atrapada en una travesura.

Ulises llegó cinco minutos antes de las siete de la noche. Naty le abrió la puerta y sonrió cuando vio que el director traía un ramo de rosas rojas. «Increíble. ¿Cómo haría para adivinar que mi madre mata por las rosas?», pensó.

—¡Qué bellas flores! Algo me dice que son para mí—dijo Naty, en son de broma.

Ulises iba a responder cuando apareció Fernanda, recibió las rosas con palabras emocionadas y enseguida fue a colocarlas en agua.

—Ulises, es un detalle hermoso, a Naty y a mí nos encantan las rosas, sobre todo las rojas.

Ulises casi no podía disimular el nerviosismo. En esa sala, frente a las dos damas, no era el docente seguro de sí mismo que todos veían al frente del colegio. Ahora era como un chiquillo inexperto que calcula cuál es la mejor palabra que debe decir, pero que, aun así, se equivoca, confundiéndose más. Naty estaba muy divertida al verlo, pero escondió su regocijo haciéndose la desentendida. Ulises le caía bien, pero en el fondo no deseaba que su madre se volviera a enamorar. Ensimismada en su pensamiento, no escuchó la solicitud que le hacían.

—Naty, ¿pones música, por favor? —le decía su madre— ¡Naty!

—¿Salsa o de antaño? —preguntó, cuando se percató de lo que le pedían.

—Quien te oye, hija, pensará que somos unos anticuados.

—No, pero los dos son mayorcitos y seguro que esa será la música que disfrutarán. No obstante, dígame, ¿qué prefiere usted, señor director?

—¡Ay, Naty! Aquí soy Ulises. No estamos en el colegio.

—Solo podría llamarlo Ulises cuando sea el novio de mi madre.

—¡Naty, por favor! —la reprendió Fernanda, mientras al rostro del profesor subían todos los colores conocidos.

Fernanda estaba mucho más nerviosa que él, y temía quebrar algo o dejar derramar alguna de las bandejas que manipulaba. Naty, con el pretexto de ayudar, no los dejó solos ni por un instante.

Hacía años que Ulises no disfrutaba de la compañía de una mujer. Y Fernanda se sentía muy bien en su compañía. Eran como dos adolescentes que descubren que se gustan y ninguno de los dos se atreve a tomar la iniciativa.

Naty puso un CD de Luis Miguel y de inmediato empezó a sonar la balada Historia de un amor. A Fernanda se la aguaron los ojos sin poder evitarlo. Ulises, que notó su reacción, cambió la melodía por la siguiente: El día que me quieras. A Naty le gustó el contraataque del director y, con picardía, le dijo:

—Ahora sí le voy a decir Ulises. Se ha ganado ese derecho.

A partir de ese día, Fernanda y Ulises iniciaron una relación formal. Se veían diariamente, pues ella lo invitaba a cenar. Una vez concluida la cena, Naty se despedía y se retiraba a su recámara. La pareja charlaba durante horas. Una noche Naty bajó para ir a la cocina y, al pasar por la sala, vio a su madre y a Ulises besándose. Contrario a lo que pensaba, no sintió celos. Ambos habían sufrido mucho con la muerte de sus respectivas parejas y merecían ser felices.

Se retiró en silencio. Ella admiraba al director por su honestidad y capacidad de trabajo; sin embargo, siempre estaba triste. Por otra parte, su madre, era alegre y encantadora, pero desde la muerte de su padre, se transformó en una mujer abatida, desolada. Su nuevo amor debía transmutar esa tristeza en alegría.

## CAPÍTULO 8

Adalberto asistía con regularidad a sus terapias y poco a poco fue modificando su comportamiento, incluso su desempeño académico mejoró notablemente. Su actitud era tan diferente que sus compañeros y profesores pensaron que estaba fingiendo.

Una mañana, cuando Jorge llegaba al colegio, Adalberto se acercó y le dijo que no lo atacaría más. Que se había dado cuenta de que nadie merecía ser acosado. Jorge sabía que Adalberto era muy orgulloso como para pedirle perdón, pero comprendió que sus palabras eran una disculpa simulada.

En los últimos años, varios exsocios del padre de Adalberto lo acusaron de ser un extorsionador, por lo que se vio implicado en distintos escándalos, y en ocasiones alguien amenazó con golpearlo o causarle un daño irreparable, a lo que él siempre contestaba que podían hacer lo que quisieran, pues él sabía defenderse.

Una tarde, cuando Adalberto salía del colegio, dos hombres lo abordaron, diciéndole que su papá estaba grave por un accidente sufrido y que ellos lo llevarían al hospital. Jorge, quien caminaba cerca, escuchó todo y lo previno.

—No vayas, fíjate en la actitud de estos tipos.

—Cállate la boca, pendejo del carajo, que no es contigo —dijo uno de los hombres.

Adalberto se puso en guardia, como presintiendo el peligro. Entonces el sujeto más alto desenfundó una pistola.

—Ahora los dos van a dar un paseo con nosotros, el que se resista, se muere.

Adalberto observó a los tipos y vio tanta determinación que no se atrevió ni a moverse. Miró a Jorge, quien estaba impávido. No sabía si era congelado por el miedo, o porque su compañero había cambiado y ya nada le quitaba la calma. Él siempre pensó que la transformación era solo cosmética, pero ahora se daba cuenta de que era de verdad.

—¡Muévanse pedazos de maricones que no tenemos todo el tiempo!

Uno de ellos abrió la puerta trasera de la camioneta en que andaban, mientras el otro empujaba a los chicos para que entraran. Jorge dejó caer la mochila, con la intención de que alguien la encontrara, no sin antes ocultar el teléfono celular en sus zapatos. Adalberto se dio cuenta de la maniobra de su compañero y deslizó el carné del colegio.

Dos horas después llegó al colegio la madre de Jorge, muy alarmada, pues su hijo siempre llegaba a casa temprano. Además, había recibido un chat de él diciéndole que unos hombres se lo habían llevado junto con Adalberto. Lo primero que hizo fue llamar a su esposo, quien no dio crédito a lo que le contaba, aduciendo que era imposible que su hijo estuviera junto a su agresor.

Norma llamó a Naty y a Daniela para preguntar por Jorge, ambas le dijeron que lo vieron partir rumbo al bus que lo llevaba a su casa. También la persona que encontró la mochila de su hijo, la llamó al número de teléfono que Jorge tenía anotado en su agenda, con el nombre de su madre.

La madre de Jorge encontró al director en los estacionamientos, quien ya se retiraba. Le contó su preocupación por el posible secuestro de su hijo y de Adalberto. El director llamó al conductor del bus. Este le dijo que Jorge no había subido, pero pensó que su madre lo había venido a buscar como sucedía cuando tenían algún compromiso. El director le preguntó por Adalberto.

—Tampoco se fue en el bus, lo vi conversando con unos tipos y pensé que el papá lo mandaba a buscar.

—¿Estaba Jorge cerca de ellos?

—Sí, me extrañó, pero usted sabe jefe, que los chicos se pelean hoy y mañana están como si nada hubiera pasado.

Ulises se despidió del conductor y llamó a la Policía para reportar el presunto rapto. La mamá de Jorge llamó a su esposo y le contó la conversación del director con el conductor.

—Desde ahora te advierto que si piden rescate, les diré que se queden con él.

—¡Cómo es posible que en una situación como esta seas capaz de bromear!

—Tú siempre tan trágica. Verás que pronto aparecen esos dos idiotas como si nada hubiera pasado.

Los delincuentes se llevaron a Adalberto y a Jorge a una finca abandonada en Pacora. Entraron por una puerta trasera de la casucha. Adalberto miró los cachivaches con desprecio: una nevera sin puerta, un sofá desvencijado, botellas de cerveza, cajas vacías y toda suerte de desechos desparramados sobre el suelo.

El celular de Adalberto sonó cuando entraban a la casucha. El maleante que parecía el jefe se acercó y les gritó.

—Me entregan los celulares, ya.

Ambos chicos obedecieron y vieron que el tipo los tiraba contra el suelo y los destruía.

—Estúpido, ¿cómo te atreves a destruir un celular tan caro? —dijo Adalberto.

—Lo más seguro es que tu papi te tenga instalado un GPS. No vamos a correr riesgos. Además, nunca más usarán un celular —dijo el jefe mientras se reía a carcajadas.

—Mi padre me comprará otro —le respondió Adalberto.

—Eso será si él nos hace caso. Si no, te mataremos como a un perro.

Hasta ese momento Adalberto no había caído en cuenta de la peligrosidad de los hombres. Conmocionado por el secuestro, nunca pensó que sus vidas estuvieran en peligro. Los delincuentes, al ver la tranquilidad de Jorge, le dijeron que él acompañaría a Adalberto al más allá, porque no dejarían cabos sueltos y mucho menos un testigo.

El celular de uno de los delincuentes sonó, fue una llamada corta y este respondió con monosílabos.

En la ciudad, el padre de Adalberto recibió una llamada de los secuestradores.

—Gran cabrón, tenemos a tu hijo. Ya te había dicho que te golpearían en la parte más sensible. Esta vez no fue en el bolsillo. Si quieres a tu muchacho vivo, entrega los documentos a Pedro, el mesero del café donde me citaste para chantajearme. ¿Entendiste?

El padre de Adalberto no respondió enseguida, Calculó la situación unos segundos y contestó.

—Tranquilo, de inmediato le entregaré los documentos a Pedro. No le hagas daño por favor.

—No me imaginé que lo quisieras tanto, las ratas como tú no deberían tener hijos.

—Tienes que asegurarme que ni tu hijo ni tú comentarán este incidente. Además, debes convencer a su amigo de que no abra la boca, también lo tenemos a él.

—¿A quién te refieres? ¿Quién está con mi hijo?

—Un tal Jorge. Acompañaba a tu hijo y quiso defenderlo.

—Imposible, son enemigos.

—Los chicos no tienen enemigos. Él todavía no está podrido como tú.

Dicho eso, la conversación se interrumpió.

El padre de Adalberto entregó los documentos y media hora después los delincuentes recibieron una llamada para que soltaran a los chicos, pero pensaron darles una paliza antes, para que no se atrevieran a acusarlos.

—Esto será solo una muestra de lo que les pasará si nos acusan —dijo uno de los delincuentes mientras se acercaba a los chicos.

—No es conveniente que lo hagan. Piensen un poco: si nos golpean, tendremos que dar explicaciones y tarde o temprano la Policía averiguará que fueron ustedes. Su jefe los dejará en prisión y si hablan los mandará a matar. Pensaban asesinar a unos niños, ¿creen que no lo hará con unos maleantes? —expuso Jorge, venciendo su temor.

—Pendejo de mierda, respeta —gritó uno de los delincuentes.

El otro lo miró de soslayo y le dijo a su compañero:

—El chico tiene razón. Además, tengo hijos y no me gustaría que los golpearan.

—Está bien, los dejaremos en la 24 de diciembre. Me imagino que saben coger un bus, no les recomiendo un taxi, los pueden secuestrar —dijo mientras se reía como un enajenado.

Al llegar a la barriada los empujaron fuera con el vehículo en marcha. Jorge se incorporó enseguida y ayudó a Adalberto, que todavía estaba conmocionado. Este lo miró furioso, no soportaba verlo tranquilo, sereno como si nada estuviera pasando. Alzando el tono de voz le preguntó:

—¿Por qué me ayudas? Yo me porté como un miserable contigo y ahora tú me tratas como a tu mejor amigo. ¿Eres idiota o qué?

—No actuaré igual, no soy una mala persona. Además, mi madre dice que cuando a uno le pasan cosas malas, debes aprender, perdonar y botar la basura. Imagínate si guardáramos toda la basura, en vez de botarla. A propósito, ¿por qué me maltratabas? ¿Por gordo y feo?

Adalberto no pudo contener la risa, a pesar de todo, Jorge era un chico divertido. Hacer esa pregunta en un momento tan inoportuno. No obstante, su valor merecía una respuesta.

—No, te odiaba por ser inteligente. Eres realmente brillante, ya quisiera yo tener la mitad de tu capacidad. ¿Quién me iba a decir que tu ingenio nos salvaría? Fuiste capaz de hacer que esas bestias entraran en razón, tus argumentos fueron brillantes.

Ambos chicos estaban desorientados. No tenían cómo comunicarse con sus familiares, pues los delincuentes habían destruidos sus celulares. Tampoco se atrevían a quedarse en la calle. Entraron al supermercado El Xtra y Jorge le pidió ayuda al gerente. Así pudo llamar a su mamá, quien se apresuró a ir por él.

—Adalberto, ¿no vas a llamar a tus padres?

—A esta hora ninguno de los dos está en casa. Mi madre cuando sale a sus reuniones, casi siempre olvida el celular en casa y mi padre nunca atiende el teléfono y tengo que dejar el mensaje grabado.

—Si quieres, le digo a mi madre que te lleve a tu casa.

—Dudo mucho que acepte llevarme a mí, el acosador de su hijo.

—Sí lo hará. Te lo aseguro.

Una hora después llegó Norma, abrazó a su hijo y miró con desconfianza a Adalberto.

—Mami, no podemos dejar solo a Adalberto. ¿Lo podemos llevar a su casa?

Norma se quedó pensando un momento. Adalberto no parecía el mismo, estaba asustado y bajo los efectos del trauma. A pesar, de la animadversión que sentía, se conmovió al verlo tan temeroso, parecía un niño.

—Está bien, pero por favor no se lo comentes a tu padre.

—No lo haré.

Al llegar a la casa de Adalberto, su madre estaba con la puerta abierta como si esperara a alguien, al ver a su hijo, corrió y lo abrazó. Adalberto no le correspondió, ausente, solo atinó a voltearse para darle las gracias a la madre de Jorge. En ese momento, ella se percató de que Norma y Jorge acompañaban a su hijo.

—¿Por qué te trajeron?

—Es una larga historia, te la resumo: Jorge me salvó la vida y su madre me trajo a casa.

La madre de Adalberto se acercó al automóvil, le sonrió a Jorge y tomó una de sus manos entre la suyas.

—Eres un chico maravilloso, capaz de ayudar a quien te hizo sufrir. Nunca cambies. Tu madre debe sentirse orgullosa de ti. Gracias, señora por traer a mi hijo a casa.

—A la orden y sí, estoy orgullosa de mi hijo. Cuide a Adalberto y llame a un médico, está muy afectado.

Por primera vez en mucho tiempo, la madre de Adalberto habló con su hijo.

—A pesar de tu conducta te sigo amando, pues eres mi hijo. No apruebo tu comportamiento, reconoce tus errores. A partir de este momento tendrás reglas y límites claros. No permitiré que vuelvas a acosar a nadie. Tendrás que seguir tus terapias hasta que la psicóloga te dé de alta. Cuando tengas un problema en el colegio o te sientas frustrado, no te desahogues en tus compañeros. Habla conmigo, juntos lo resolveremos.

—Mamá, he reflexionado con todo lo que ha pasado. Jorge me dio una lección que nunca olvidaré. Espero algún día merecer su amistad. No te preocupes, nunca más acosaré a nadie. Me siento miserable.

—No te menosprecies, te equivocaste y el solo hecho de que rectifiques, te hace digno. Te amo.

—Yo también te quiero.

Una educación en valores permite a la familia dar el apoyo adecuado a sus hijos. Un niño con valores, seguro de sí mismo y con confianza en su familia será capaz de convivir de manera armoniosa con sus compañeros y expresar sus sentimientos y emociones. Es importante reconocer que nuestros hijos requieren reglas y firmeza, así como amor y comprensión dentro de la familia, la que debe dar protección, teniendo en cuenta que no solo debe proteger sus vidas, sino también asegurarles el afecto y el goce de todos sus derechos.

Cuando Norma y Jorge llegaron a su casa, su padre los estaba esperando. Imaginaba que si Norma había salido a esa hora, era para buscar a su hijo. Ella nunca salía sola de noche.

—¿Dónde estaba el niño bonito?

Jorge no contestó. Estaba cansado y hambriento. Sin embargo, su madre no se contuvo y le dijo que su hijo acababa de ser liberado por los secuestradores y, en vez de recibir el apoyo de su padre, recibía sus burlas.

—¿Por qué carajo lo secuestraron y cómo lo liberaron sin pedir rescate?

—Me llevaron porque fui testigo del secuestro de Adalberto.

—¿Y qué hacías acompañando a esa mierda?

—No lo acompañaba, salíamos juntos de la escuela.

—¿Y a cuántos más se llevaron?

—Solo a nosotros.

—Me imagino que saliste a defender a ese maleante.

Jorge guardó silencio y su madre intervino.

—No permitiré que mortifiques más a Jorge. Ha pasado por momentos terribles.

—¿Quién eres tú para decirme lo que tengo que hacer?

—Soy la madre de Jorge y tu esposa, en ese orden. Siempre seré la madre de Jorge. Tu esposa, no lo seré por mucho tiempo más. Estoy harta —Norma dijo estas últimas palabras, alzando el tono de su voz y cerrando la puerta de entrada de un tirón.

A la mañana siguiente, una vez que Jorge salió para el colegio, Norma tocó en la habitación donde su esposo se vestía para ir a la oficina.

—¿Qué quieres? Me estoy vistiendo.

—Antes de irte a la oficina quiero hablar contigo.

—No tengo tiempo para hablar ahuevazones.

—Entonces, las hablarás con mi abogado. O buscas ayuda sicológica o me divorcio. No aguanto esta vida ni un día más.

—Te dejaré en la calle a ti y al idiota de tu hijo. En ocasiones hasta dudo que sea mío.

—Ojalá no lo fuera. ¿Sabes una cosa? No regreses y manda a buscar tu ropa. No creas que nos dejarás en la calle como siempre has dicho. Recuerda que mi tío es el mejor abogado de Panamá y su bufete, el más prestigioso.

Por primera vez el padre de Jorge guardó silencio. Nunca olvidaría la advertencia que le hicieron su suegro y el tío acerca de su mujer en una fiesta de Navidad cuando, pasado de copas, maltrató a Norma en presencia de ellos. Su suegro lo tomó por el cuello de la camisa y le dijo: «No vuelvas a hacerlo o te destruyo». El hermano de su suegro le reiteró la amenaza. Era mejor divorciarse y buscarse una mujer menos conflictiva a quien pudiera manipular a su antojo.

Dos horas después, envió al conductor de la empresa a buscar su ropa. Norma le entregó tres maletas con todas sus pertenencias. En la tarde, cuando Jorge regresó, le contó que se divorciaría de su padre.

—No me explico cómo soportaste tanto tiempo. No te preocupes mamá, estaremos mejor sin él.

—Tienes razón, esta vez sí te cumpliré. Mañana inicias tus clases de canto.

—¿Me comprarás un cachorro?

—Por supuesto. Quien se oponía, nunca más controlará nuestras vidas.

Ese sábado a Jorge le pareció el mejor día de su vida: se matriculó en la academia de canto y compraron la tan deseada mascota.

—¿Qué nombre le pondrás a tu cachorro?

—¿Crees que lo puedo llamar Hércules?

—Llámalo como quieras, es tu perro.

Norma pensaba que el arte y la música representan la máxima expresión de los sentimientos sublimes del ser humano. También deseaba comunicarle a su hijo sobre el cuidado y el amor que se debe sentir por la naturaleza, enseñarle a querer a los animales y que él demostrara su capacidad para velar por su mascota.

## CAPÍTULO 9

Algunos colegios secundarios reportaron otros casos de acoso y violencia escolar. Sin embargo, las estadísticas disminuyeron. El Comité Contra la Violencia y el Acoso Escolar se mantenía en alerta constante, creando conciencia no solo en el plantel afectado, sino en los demás colegios públicos y privados. En todos los planteles visitados, la comisión incentivaba a los estudiantes y profesores a formar comités similares para hacerle frente a la violencia y minimizar este flagelo. Un grupo de psicólogos de la Universidad Santa María La Antigua se unió a la cruzada contra el acoso y la violencia escolar y se encargaron de realizar las estadísticas en cada escuela.

Una vez levantado el informe, un grupo de especialistas del ministerio de educación asesoraba a las autoridades administrativas de cada colegio para que tomara las medidas de protección a las víctimas y dotarlas de atención psicológica inmediata, así como también a los agresores y espectadores. En cada reunión se formaban pequeños grupos que realizaban diferentes tareas. Se reflexionaba sobre las causas del acoso y la violencia escolar, también se debatía sobre las señales para que las víctimas estén atentas y frenen el acoso desde su inicio. En un tablero digital se anotaron los efectos que funcionan como señales para que los estudiantes debatieran sobre los mismos: mostrarse temeroso de caminar frente al colegio o de asistir a clases; tener moretones o rasguños inexplicables; problemas para conciliar el sueño, o pesadillas; mojar la cama; cambio repentino en la asistencia a clase o en el rendimiento académico; falta de concentración en clases; facilidad para la distracción; en el recreo, regresar pronto al aula; dificultad en el aprendizaje; falta de interés; inasistencia a las actividades o en los actos escolares que antes les gustaban.

La socióloga advirtió que también hay señales alertas en el aspecto social: solitarios, retraídos, aislados; escasas o nulas habilidades sociales o interpersonales; no tienen amigos o tienen menos que otros estudiantes; impopulares; suelen ser elegidos de último para formar grupos o equipos; carecen de sentido del humor; otros estudiantes suelen burlarse o reírse de ellos; les toman el pelo; los menosprecian o los insultan; no saben darse a respetar, ni a valer; sus compañeros los molestan, los patean y golpean a menudo; les es imposible defenderse; utilizan un lenguaje corporal característico: hombros encorvados, apariencia agobiada, no miran directo a los ojos, rehúye la proximidad; se diferencian de sus compañeros; prefieren la compañía de los adultos en su tiempo libre; acosan a otros estudiantes.

Una y otra vez la psicóloga insistía en la importancia de detectar otras señales físicas de alerta, aunque sean obvias, muchas veces pasan inadvertidas: Frecuentemente enfermos; se quejan de dolores de cabeza y de estómago; presentan ropa u objetos personales rotos o dañados sin una explicación obvia; tartamudean o guardan prolongados silencios; presentan diferencias físicas con sus compañeros tales como: usan anteojos, son obesos o muy delgados, es más alto o más bajo que sus compañeros, hablan diferente o tienen un aspecto discordante; presentan pérdida de apetito; son torpes, descoordinados, no practican deportes.

La psicóloga fue enfática al explicar las señales de alerta en la conducta emocional: cambio repentino de humor o de comportamiento; distantes, herméticos, taciturnos, tímidos, introvertidos, susceptibles; baja o nula autoestima y poca confianza en sí mismos; reservados, apagados, nerviosos, ansiosos, temerosos, inseguros; lloran con facilidad y se angustian; sufren cambios de humor extremos. También suelen ser irritables, conflictivos, agresivos, irascibles, se rebelan contra otros, pero siempre pierden. Se culpan de los problemas y dificultades; excesivamente preocupados por su seguridad personal; dedican mucho tiempo en planear la forma de ir y volver a salvo del comedor escolar, del baño, del recreo, evitando siempre ciertos lugares de la escuela; mencionan la posibilidad de salir corriendo, e incluso cometer suicidio.

La Dra. Martínez también hizo hincapié en las señales de los acosadores: haber sido amonestado más de una vez por pelear con sus compañeros; prepotente y dominante con hermanos y amigos, falta de cumplimiento a las normas; burlarse de sus iguales; ausencia de empatía con el sufrimiento de los demás; hablar despectivamente de los chicos de su clase.

En otro seminario-taller se explicó a los estudiantes mediante dramatizaciones la forma de hacerle frente a las intimidaciones sin permitir el maltrato ni la derrota durante una pelea. La psicóloga estaba interesada en que participaran los tres componentes del *bullying*: el acosador, la víctima y los espectadores. En las dramatizaciones, la psicóloga eligió a los estudiantes con un perfil de abusadores para que interpretaran el papel de víctimas. La caracterización del acosador la hicieron el profesor de Matemática y la profesora Julia. El resto de los estudiantes fueron los espectadores. A pesar de que el profesor de

Matemática no tuvo que hacer gran esfuerzo para actuar como un acosador, la profesora Julia logró una excelente parodia en la dramatización. El vestuario, la conducta y el lenguaje corporal ridiculizaban al personaje del acosador, provocando las carcajadas de los espectadores.

Julia, en sus años de estudiante, siempre participaba en obras de teatro y el profesor de Matemáticas se sintió celoso de que los estudiantes aplaudieran más a la profesora que a él. A Julia no le agradaba ese profesor, pues siempre salía con un chiste inapropiado, insolente en algunas ocasiones y alardeando, de cuando trabajó en Jaqué, Darién, contando anécdotas absurdas de sus amistades de la guerrilla colombiana.

La actitud permisiva del profesor ante la violencia, cambió radicalmente cuando una tarde, al salir del colegio, fue asaltado por un delincuente, quien intentó robarle el celular. Se enfrentó al maleante y le propinó un fuerte golpe, pero el tipo sacó un arma blanca y lo apuñaló en el muslo izquierdo, perforándole una arteria. En ese preciso momento, una patrulla de la Policía hacía su ronda y de inmediato el profesor fue trasladado al hospital Santo Tomás por insistencia de la profesora Julia. Ella alegaba que si lo llevaban a un centro de salud, moriría irremediablemente, ya que carecían de instalaciones y personal especializado para atenderlo adecuadamente. Ella recordó que cada vez que escuchaba que un herido de bala o con puñal era llevado a estos centros cercanos, fallecían a los pocos minutos.

Diez días después, cuando el profesor regresó al colegio, le dijo a la profesora Julia que se dio cuenta de que cualquiera podía convertirse en víctima de la violencia.

—A partir de este momento, cuente conmigo para

crear conciencia y eliminar la violencia en nuestro colegio. Si empezamos en los colegios y nuestros hogares, esto se reflejará tarde o temprano en las calles.

—Tiene razón profesor, bienvenido. Construiremos una cultura de paz.

En los seminarios talleres impartidos a los estudiantes se hacía hincapié en dos conceptos La empatía y la resiliencia. La empatía es la capacidad que tienen los chicos de ponerse en el lugar del otro, reconocer las emociones de sus compañeros y sintonizar con las señales indicativas lo que otros necesitan o desean. El poder identificar las propias emociones y la de los demás es una facultad que se puede ejercitar y desarrollar. Preguntas como: Si a ti te hicieran esto, ¿cómo te sentirías? ¿Cómo crees que se siente tu compañero?, pueden ayudar como puntos de partida.

Los estudiantes no conocían el término resiliencia, y la profesional les explicó que era la capacidad para afrontar con éxito la adversidad, el trauma, la tragedia, las amenazas o incluso fuentes importantes de estrés, ansiedad e incertidumbre. Que un niño sea resiliente no significa que no experimente dificultades o angustia frente a una pérdida o trauma. Significa que tiene la capacidad de seguir adelante, aprender de lo acontecido, rescatar los recursos internos que lo ayudaron a resolver la situación y fortalecerse en el proceso.

El programa de Escuela para Padres fue de gran utilidad para enfrentar y minimizar el acoso y la violencia escolar, y logró el fin propuesto, que era el de incorporar a los padres de familia y a los acudientes en el proceso educativo, ayudándolos a que cumplieran con su misión de orientar y educar a sus hijos. Los padres son fundamentales en este proceso de formación, en ellos está la capacidad para contribuir al comportamiento sano de sus hijos, fomentando conductas y hábitos adecuados.

En los talleres del programa Escuela para Padres, la temática del *bullying* fue abordada de diferentes maneras. Se les enseñó a detectar las señales de acoso y la forma en que debían comunicarse con sus hijos. Se les ofrecieron indicaciones para enseñar a los niños a calmarse y a controlar el llanto a través de ejercicios de respiración, con lo que se pretende adquirir más dominio sobre las conductas, para no quedar a la merced del acosador. Se les dijo que escuchar a sus hijos es clave, y hablar con ellos también; cuando los chicos escuchan de un adulto que el *bullying* está mal, eso reafirma la autoestima y la confianza en sí mismos.

Se deben educar las emociones de los hijos, ayudarlos a que nombren y registren la gama de emociones a las que se ven expuestos. Y a la vez, se hizo énfasis en que no usaran frases como: no le hagas caso, o sopórtalo, pues esto cierra los canales de comunicación. Hay que sostener conversaciones abiertas para enterarse de lo que está ocurriendo en el colegio, con el fin de armar un plan de acción. El lema del taller contra el *bullying* fue muy claro: «Es tiempo de hacer un alto».

En otra de las sesiones se les entregó a los padres un texto escrito, detallando paso a paso otra manera eficiente de identificar las señales de acoso escolar, denominado El semáforo parental, con el que se facilitaba la tarea de saber si un hijo necesita que los padres intervengan frente al conflicto, el cual era bastante explícito.

VERDE: Prevención.

Si su hijo no tiene dificultades para dormir, no presenta cambios en los hábitos de alimentación, no está afectado su rendimiento académico, pero lo percibe deprimido o preocupado.

¿Qué puedo hacer?

Abrir los canales de comunicación: estar atento y cerca para poder generar la confianza y el encuentro. Escuchar, usando la expresión Dime si hay algo que necesites, o estoy para escucharte.

AMARILLO: Alerta-Precaución.

Si su hijo no quiere ir al colegio, utiliza frases com:o «Odio el colegio».

¿Qué puedo hacer?

El grado de seriedad es mayor. Hablemos de lo que está pasando. Hay una señal de alarma.

ROJO: Gravedad.

Si su hijo presenta dificultades para dormir, tiene pesadillas, falta de apetito, y su rendimiento académico o su estado de ánimo están afectados.

¿Qué puedo hacer?

Esto requiere intervención del adulto. Es probable que estas sean señales de depresión y ansiedad. En el acoso escolar, tanto víctima como agresor, incluso espectadores, necesitan desarrollar las habilidades y recursos emocionales que les permitan abandonar relaciones conflictivas y encontrar maneras más sanas de resolver los problemas, generando así una convivencia más productiva, enriquecedora y feliz.

En otro de los seminarios para los estudiantes se realizaron prácticas para enseñar a que la víctima ignore al acosador y cree estrategias enérgicas que le indiquen lo que debe hacer frente a la situación de acoso, por ejemplo, decir: «¡NO!». Enseñar al estudiante a identificar a profesores y amigos que pueden ayudarlo en caso de ser víctima de maltrato. Establecer límites en relación con la tecnología: los chicos necesitan la mirada a largo plazo de un adulto que los prevenga en cuanto a las consecuencias que sus acciones pueden tener ante un acoso cibernético.

En la parte final del seminario-taller, la psicóloga les enseñó cómo calmarse a los jóvenes afectados por la violencia; a controlar el pánico. Esto les permite tener más dominio sobre sus conductas y no quedar tan a la merced del acosador. Se les dijo que no deben tomárselo tan seriamente, que piensen, por ejemplo, que «ese chico es malo con todos, no es solo conmigo».

Una de las medidas que tomó el Comité contra el Abuso y la Violencia Escolar fue la creación de alumnos conciliadores para minimizar los casos de *bullying*. En los primeros meses, no solo se observaron mejoras en el ambiente estudiantil, sino también mejores resultados a nivel académico por los participantes. Los jóvenes conciliadores adquieren habilidades para intervenir en conflictos entre sus compañeros, aplicando medidas preventivas que eviten el empeoramiento de las relaciones entre estudiantes.

Sin embargo, los alumnos enrolados en el programa también fueron objeto de amenazas entre los acosadores reincidentes. Por esa razón, el ministerio de educación dio a conocer la existencia de un artículo adicional en el reglamento interno de los centros educativos, donde se considera al *bullying* como un acto que merece ser castigado. Este contempla la aplicación de sanciones severas para quienes cometen algún tipo de acoso escolar, y cuando el estudiante comete faltas de manera reiterada, se hace acreedor a la expulsión del plantel.

Ese reglamento interno debe ser firmado por los estudiantes y por los padres de familia. La aprobación de este artículo reglamentaba el *antibullying*. Además, era beneficioso para todos los planteles educativos y les permitiría a los educadores y directores estar protegidos cuando se vieran obligados a sancionar, suspender o expulsar a un estudiante.

Una vez se presente el incidente de acoso, se debe sancionar al responsable. En este caso, el reglamento interno establecía la suspensión temporal de clases para el alumno agresor, haciéndole saber a los padres de familia que era imperativo recibir la atención psicológica y que solo así se le permitiría regresar al colegio bajo la condición de una buena conducta. Cuando el joven incurría en la misma situación varias veces y ocasionaba graves lesiones, se le expulsaba definitivamente.

Uno de los casos más graves fueron las lesiones ocasionadas al estudiante Khaled. A pesar de los pronósticos, Khaled se recuperó, luego de estar incapacitado un mes. Todas las tardes, Daniel, Jorge y Naty lo visitaban para explicarle las clases y las pruebas que les ponían en el colegio. Él era un alumno aventajado. Cuando llegaron a Panamá fue el primero en aprender el español y luego se encargó en enseñárselo a su madre y a su hermana. Ya tenían dos años en el país y a su familia le agradaba la forma de ser de los panameños. Se sentían acogidos. En una ocasión su padre le preguntó si el hostigamiento de sus compañeros era por ser extranjero y él respondió que no era lo fundamental, pues Jorge era panameño y fue el primero en recibir los abusos.

—Papá, he llegado a la conclusión de que las diferencias impulsan a los agresores a escoger a sus víctimas: Jorge por gordo, yo por árabe. Ahora en la clase de consejería nos dictan charlas y estamos aprendiendo mucho. La tolerancia es la clave. La psicóloga nos ha enseñado que debemos aceptar las diferencias porque todos tenemos el derecho de ser tratados con respeto.

—Son unos maleantes. Esa es la realidad.

—Pueden llegar a serlo, si sus padres no les ponen reglas de conducta.

—Hijo, hablas como un adulto —acotó la madre.

—Tú sabes que no solo estudio las materias académicas, sino la conducta humana. Tal vez estudie Psicología.

—¿Quién te ha metido esas ideas en la cabeza? —preguntó su padre.

—Nadie, cuando estuve en el hospital me atendió una psicóloga, una mujer bellísima y muy preparada. Además, ella es quien nos da las charlas.

—Nunca te fijes en una mujer que no sea de nuestra cultura, ¿entendiste?

—Papá, es muy mayor para mí. Sin embargo, me ayudó a no sentirme cobarde y miserable, me dio otra perspectiva de la agresión, yo no era culpable, eran los agresores. Por esa razón, quiero ser psicólogo clínico.

—Ni lo pienses, serás comerciante como yo, nuestra familia siempre se ha dedicado al comercio.

—Es muy pronto para discutir ese asunto —concluyó la madre— Aunque me encantaría que mi hijo fuera médico.

El padre de Khaled guardó silencio, pues no deseaba disgustar a su esposa. Esa mujer maravillosa que lo hacía tan feliz.

Un mes después Khaled se incorporó al colegio, Naty había organizado una fiesta de bienvenida a la que fue invitado Josué. Daniela, otra de las organizadoras, se opuso a que lo invitaran, pero Jorge y Naty la convencieron del cambio de Josué, quien estaba recibiendo atención psicológica. Cuando Khaled entró al salón de clases, se sorprendió del recibimiento. En ese mes Jorge bajó bastante más de peso y se veía muy bien. Él fue quien dio las palabras de bienvenida.

Josué se acercó a Khaled y delante del grupo le pidió perdón. Khaled le respondió con un abrazo, nadie se esperaba esa muestra de comprensión y de nobleza. Naty fue la más sorprendida, Jorge aplaudió y el grupo se unió en una gran ovación. El director, que en ese momento pasaba frente al salón, entró y vio a Khaled y a Josué abrazados. Uno a uno todos sus compañeros se acercaron y se unieron a ese abrazo de perdón y fraternidad.

Ulises Solís se conmovió ante el gesto de los estudiantes. Al inicio de la campaña contra el acoso y la violencia escolar pensó que todo el esfuerzo sería inútil. En ese camino tortuoso, tropezó con la indiferencia de la mayoría de los profesores y padres de familia, la reincidencia de los agresores y el silencio de las víctimas. No obstante, las personas comprometidas con dicho programa no se rindieron y lucharon junto a él por minimizar el flagelo del *bullying*. Entre ellos, la profesora Julia, Fernanda, su hija Naty y Jorge, que pasó de víctima a estudiante conciliador. También su madre, que se incorporó activamente en el club de padres de familia. Incluso el profesor de Matemática, quien después de ser asaltado, comprendió que la violencia no era el camino.

En fin, eran un equipo con una meta cumplida y con el propósito de llevar esa experiencia exitosa a todos los colegios del país. La campaña contra el *bullying* finalmente fue denominada; Elige ser tolerante.

El director se acercó al grupo y les preguntó:

—¿Me puedo unir al abrazo?

Todos los estudiantes y profesores presentes contestaron al unísono con un sí. Sin el apoyo del director, el comité jamás hubiera alcanzado el éxito que ese día celebraban.

## SOBRE LA AUTORA

Rose Marie Tapia es una reconocida novelista panameña que inició su carrera literaria en el año 2000. Ganó una Mención de Honor en el prestigioso concurso Ricardo Miró del año 2000 con su primera novela: Caminos y encuentros. Ha publicado una impresionante cantidad de veintiocho novelas. Además de su trabajo como escritora, Tapia ha demostrado un compromiso notable con la promoción de la lectura entre los niños y jóvenes. En el año 2002, creó el programa sociocultural Siembra de Lectores con el objetivo de fomentar el hábito de la lectura en esta población.

Por su gestión y desarrollo en las letras, le otorgaron el galardón: Estrella de Oro, Premio a la Cultura Estrella de Azuero 2007. Fue designada por el Círculo Cultural Anita Villalaz como la Escritora del año 2009. En el año 2014 La Universidad Americana le asignó el nombre de la escritora Rose Marie Tapia Rodríguez a sus bibliotecas. El 16 de junio de 2016 la Asociación de Empresarias y Profesionales de Panamá rindió homenaje a Mujeres que dejan huella y designa a Rose Marie Tapia, Mujer Destacada. En el 2017 le otorgaron el Premio Honor al Mérito don Manuel García Castillo, Categoría Talento 2017. En el 2018 la Academia Bilingüe Rose Marie Tapia le asignó el nombre de la escritora a su plantel. En marzo de 2018, la Universidad Metropolitana de Educación, Ciencia y Tecnología confiere a Rose Marie Tapia la Presea Cecilia Rojas de Nieto por llevar en alto la virtud de ser mujer, ejemplo para la sociedad.

Además de su labor como escritora y promotora de la lectura, Rose Marie Tapia también ofrece un curso en línea a través de la plataforma Hotmart, titulado: Escriba una novela desde cero, está diseñado para ayudar a los aspirantes a escritores a desarrollar sus habilidades y conocimientos en la creación literaria.

Rose Marie Tapia ha demostrado su compromiso con la adaptación a las nuevas tendencias y herramientas en el mundo en línea, lo cual es muy valioso en el ámbito literario actual, por esa razón, ha tomado dos seminarios: Go (como pasar tu negocio al mundo en línea), un curso impartido por Javier Galué, profesor, consultor y conferencista español, experto en marketing digital, que brinda conocimientos y herramientas para ayudar a los emprendedores a desarrollar sus negocios en línea de manera efectiva, el otro seminario: Fórmula de Lanzamiento, un curso que se enfoca en enseñar a los emprendedores cómo lanzar y promocionar productos o servicios de manera exitosa utilizando estrategias de marketing digital.

**Página Web: https://www.rosetapia.com/**

**Correo: rosetap@gmail.com**

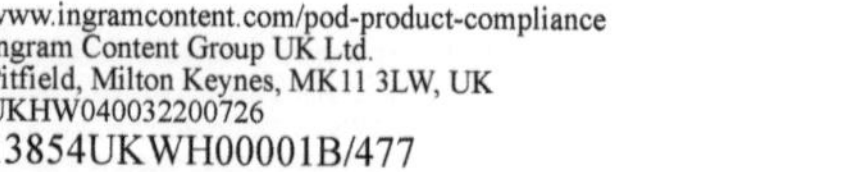

www.ingramcontent.com/pod-product-compliance
Ingram Content Group UK Ltd.
Pitfield, Milton Keynes, MK11 3LW, UK
UKHW040032200726
13854UKWH00001B/477